Jeden Tag
gut kochen

Autorin: Cornelia Schinharl
Rezeptfotos: Michael Brauner

Inhalt

Salate & Suppen

Zum Sattessen

Salate sind wie geschaffen für heiße Sommertage, Suppen wärmen Magen und Seele in der kalten Jahreszeit. Beide lassen sich wunderbar vorbereiten, kein Problem also, wenn sich Ihre Lieben mal verspäten! Mit nur wenigen Handgriffen stehen Salate fertig auf dem Tisch, Suppen nehmen es nicht übel, wenn sie mal aufgewärmt werden müssen. Und alle beide sind so leicht und bekömmlich, dass man sich auch nach dem Essen so richtig fit fühlt.

Apfel-Käse-Salat

Für 4 Personen
1 Bund Radieschen oder 250 g Salatgurke
1 EL Walnusskerne
1 Bund Schnittlauch
2 saftige Äpfel
200 g Hartkäse (Emmentaler, Bergkäse, mittelalter Gouda; in Scheiben oder am Stück)
1 EL Zitronensaft oder Essig
2 EL saure Sahne
Salz, Pfeffer
1 TL Apfeldicksaft oder Honig
2 EL Öl

1. Die Radieschen waschen bzw. die Gurke schälen und halbieren, in Scheiben schneiden. Walnusskerne in Stücke brechen. Schnittlauch waschen, trockenschütteln und in Röllchen schneiden. Die Äpfel vierteln, schälen und vom Kerngehäuse befreien. In feine Schnitze schneiden. Käse am Stück erst in Scheiben, Käsescheiben gleich in Streifen schneiden.

2. Den Zitronensaft mit saurer Sahne, Salz, Pfeffer und Apfeldicksaft verrühren. Öl untermischen. Alle Salatzutaten mit der Sauce mischen und abschmecken.

Beilage: dunkles Bauernbrot

Rucola-Schinken-Salat mit Pfirsich

Für 4 Personen
150 g Rucola
2 große Pfirsiche
200 g roh geräucherter Schinken
2 TL Honig
2 EL Aceto balsamico
Salz, Pfeffer
5 EL Olivenöl

1. Rucola waschen und trockenschütteln, welke Blätter und dicke Stiele entfernen. Pfirsiche waschen, halbieren, entsteinen und in Schnitze schneiden. Schinken vom Fettrand befreien und in Stücke zupfen.

2. Honig mit Balsamico, Salz und Pfeffer verrühren, Öl unterschlagen. Rucola mit Pfirsichschnitzen und Schinken mischen, Salatdressing unterheben.

Beilagen: getoastetes Weißbrot oder Vollkornbaguette

⏱ Zubereitung: 20 Min.	Pro Portion ca.: 305 kcal

⏱ Zubereitung: 20 Min.	Pro Portion ca.: 370 kcal

Schnelle Nudelsuppe

Für 4 Personen
1 Stange Lauch
1 Stange Sellerie
2 Möhren
1 1/2 l Fleisch-, Hühner- oder Gemüsebrühe
150 g feine Suppennudeln
400 g gegartes Rindfleisch, Huhn oder Kasseler oder
200 g gekochter Schinken am Stück
1 Bund Schnittlauch
Salz, Pfeffer
frisch geriebene Muskatnuss

1. Das Gemüse waschen oder schälen, putzen und in feine Streifen schneiden.

2. Die Brühe zum Kochen bringen, die Gemüsestreifen und die Nudeln hineingeben und in etwa 5 Min. darin bissfest garen.

3. Inzwischen das Fleisch in feine Streifen schneiden. Den Schnittlauch waschen, trockenschütteln und in Röllchen schneiden. Das Fleisch in die Suppe geben und gut heiß werden lassen. Die Suppe mit Salz, Pfeffer und Muskat abschmecken und mit dem Schnittlauch bestreut servieren.

Möhrencremesuppe mit Orange

Für 4 Personen
400 g Möhren
1 mehlig kochende Kartoffel (etwa 100 g)
1 Zwiebel
1 l Gemüsebrühe
1/4 Bund Petersilie
200 ml Orangensaft (am besten frisch gepresst)
100 g Sahne
Salz, Pfeffer, 1 Prise Cayennepfeffer
1 EL Aceto balsamico

1. Die Möhren und die Kartoffel schälen, putzen und in kleine Würfel schneiden. Zwiebel schälen und fein hacken. Alles mit der Brühe in einen Topf geben und zum Kochen bringen. Zugedeckt bei mittlerer Hitze etwa 12 Min. garen, bis das Gemüse weich ist.

2. Inzwischen die Petersilie waschen und hacken. Die Suppe fein pürieren, mit Orangensaft und Sahne verrühren und mit Salz, Pfeffer, Cayennepfeffer und Balsamico abschmecken. Mit Petersilie bestreut servieren.

Beilagen: Vollkornbaguette oder -brot

🕐 Zubereitung: 15 Min. | Pro Portion ca.: 470 kcal

🕐 Zubereitung: 20 Min. | Pro Portion ca.: 180 kcal

Für 4 Personen
1 Bund Rucola
1/2 Romana- oder Eichblattsalat
4 Tomaten
1/2 Salatgurke
200 g Champignons
1 Bund Schnittlauch
3 EL Weißweinessig
1 TL scharfer Senf
Salz, Pfeffer
7 EL Olivenöl
500 g Hähnchenbrustfilets
1 TL Ahornsirup oder Honig

Gemischter Salat mit gebratenem Huhn

1. Rucola und Salat waschen und in mundgerechte Stücke zupfen. Tomaten und Gurke waschen und in kleine Stücke schneiden. Die Champignons mit Küchenpapier abreiben, Stielenden abschneiden. Pilze in feine Scheiben schneiden. Schnittlauch waschen, trockenschütteln und in Röllchen schneiden.

2. Für die Salatsauce Essig mit Senf, Salz und Pfeffer verrühren. 5 EL Olivenöl unterschlagen, bis die Sauce eine cremige Konsistenz hat.

3. Das Hähnchenfleisch in feine Streifen schneiden. Das übrige Öl in einer Pfanne erhitzen, die Hähnchenstreifen darin bei starker Hitze unter Rühren etwa 4 Min. braten. Mit Salz, Pfeffer und Ahornsirup würzen.

4. Die Salatzutaten mit dem Dressing mischen und auf Teller verteilen. Die Hähnchenstreifen darauf anrichten und servieren.

Beilagen: Weißbrot oder Vollkornbaguette

🕐 Zubereitung: 25 Min. | Pro Portion ca.: 340 kcal

Für 4 Personen
8 Eier
1 Kopfsalat (etwa 250 g)
400 g feste Tomaten
1 Bund Schnittlauch
2 EL Weißweinessig oder Balsamico bianco
Salz, Pfeffer
1 Prise Zucker
4 EL Sonnenblumen- oder Olivenöl
1 TL scharfer Senf
1 1/2 TL Tomatenmark
1 gehäufter EL saure Sahne
1 Gewürzgurke (etwa 70 g)

Kopfsalat mit Tomaten und gefüllten Eiern

1. Die Eier in kochendem Wasser etwa 10 Min. kochen, kalt abschrecken und abkühlen lassen.

2. Inzwischen den Salat waschen, die Blätter trockenschütteln und in Streifen schneiden oder in Stücke zupfen. Die Tomaten waschen und klein würfeln. Den Schnittlauch waschen und in Röllchen schneiden.

3. Essig mit Salz, Pfeffer und Zucker verrühren. Das Öl unterschlagen. Salatstreifen, Tomaten und Schnittlauch mit der Sauce mischen.

4. Die Eier pellen und längs halbieren. Die Eigelbe herauslösen und mit einer Gabel zerdrücken, mit Senf, Tomatenmark und saurer Sahne verrühren. Gewürzgurke in kleine Würfel schneiden und untermischen. Mit Salz und Pfeffer abschmecken und wieder in die Eihälften füllen. Salat auf Tellern anrichten, mit den gefüllten Eiern belegen und servieren.

Tipp: Wer mag, bestreut den Salat noch mit kleinen Kapern oder serviert Tunfisch aus der Dose dazu.

🕐 Zubereitung: 25 Min. | Pro Portion ca.: 295 kcal

Für 4 Personen
400 g feste reife Tomaten
1 Salatgurke
je 1 rote und grüne Paprikaschote
1 Stück Weißkohl (etwa 150 g)
2 rote oder weiße Zwiebeln
4 eingelegte Peperoni
100 g schwarze Oliven
200 g Schafkäse (Feta)
etwa 100 g Blattsalat (am besten gemischt, z. B. Romana und Rucola)
2 EL Rotweinessig
Salz, Pfeffer
5 EL Olivenöl
1 TL getrockneter Oregano

Bauernsalat mit Feta

1. Die Tomaten waschen und achteln, dabei die Stielansätze herausschneiden. Die Gurke waschen oder schälen, längs halbieren und quer in etwa 1/2 cm dicke Scheiben schneiden. Die Paprikaschoten waschen, halbieren und putzen. Die Hälften noch einmal längs durchschneiden und in Streifen schneiden.

2. Die Weißkohlblätter waschen, von den dicken Blattrippen befreien und in feine Streifen schneiden. Die Zwiebeln schälen, halbieren und ebenfalls in feine Streifen schneiden. Peperoni abtropfen lassen und in Ringe schneiden. Alle diese Zutaten mit den Oliven mischen. Schafkäse in Stücke bröckeln.

3. Den Salat waschen und trockenschütteln. Eine Schüssel oder vier Teller damit belegen. Den Essig mit Salz und Pfeffer verrühren, das Öl unterschlagen. Die Salatzutaten mit der Sauce mischen, abschmecken und auf die Salatblätter geben. Mit dem Schafkäse belegen und mit Oregano bestreuen.

Tipp

Wer mag, garniert den Salat noch mit hart gekochten Eiern und Sardellenfilets in Öl.

🕐 Zubereitung: 20 Min. | Pro Portion ca.: 325 kcal

Für 4 Personen
250 g Instant-Couscous
Salz
1/2 Salatgurke
2 Fleischtomaten
1 grüne Paprikaschote
4 EL Zitronensaft
Pfeffer
1 TL edelsüßes Paprikapulver
6 EL Olivenöl
1 EL schwarze Oliven nach Belieben

Couscous-Salat

1. Den Couscous in eine Schüssel geben. 300 ml Salzwasser zum Kochen bringen, über den Couscous gießen und diesen etwa 10 Min. quellen lassen.

2. Die Gurke, die Tomaten und die Paprikaschote waschen, putzen und in kleine Würfel schneiden.

3. Den Zitronensaft mit Salz, Pfeffer und Paprika gut verrühren. Das Öl untermischen. Couscous, Gemüsewürfel und Sauce mischen und abschmecken. Nach Belieben mit den Oliven garnieren.

Tipp

Der Couscous-Salat schmeckt als sommerliches Essen, passt aber auch als Beilage, etwa zu gegrilltem oder gebratenem Fleisch.

🕐 Zubereitung: 20 Min. | Pro Portion ca.: 365 kcal

Bohnensalat mit Tunfisch

Für 4 Personen
400 g grüne Bohnen
Salz
einige Zweige Bohnenkraut nach Belieben
1 milde weiße oder rote Zwiebel
1 Fleischtomate
1 Bund Schnittlauch
1 Dose weiße Bohnen (240 g Abtropfgewicht)
1 Dose Tunfisch im eigenen Saft (150 g Abtropfgewicht)
1 EL Kapern nach Belieben
4 EL Balsamico bianco oder Weißweinessig
Pfeffer
6 EL Olivenöl

1. Die Bohnen waschen, die Enden abschneiden, eventuell Fäden entfernen. Bohnen in reichlich Salzwasser (nach Belieben mit Bohnenkraut) in etwa 12 Min. bissfest kochen.

2. Inzwischen die Zwiebel schälen, vierteln und in feine Streifen schneiden. Die Tomate waschen und würfeln. Schnittlauch waschen und in feine Röllchen schneiden.

3. Die weißen Bohnen in einem Sieb gut abspülen und abtropfen lassen. Den Tunfisch abtropfen lassen und mit zwei Gabeln zerpflücken.

4. Zwiebel, Tomate, Schnittlauch, weiße Bohnen und Tunfisch mit den Kapern in einer Schüssel mischen. Essig mit Salz und Pfeffer verrühren, das Öl unterschlagen.

5. Die grünen Bohnen abgießen, kalt abschrecken und abtropfen lassen. Das Bohnenkraut entfernen. Die Bohnen mit der Sauce zu den übrigen Salatzutaten geben und alles gut mischen. Würzig abschmecken und servieren.

Beilage: Fladenbrot

🕐 Zubereitung: 25 Min. | Pro Portion ca.: 265 kcal

Matjessalat mit Apfel, Gurke und Kartoffeln

Für 4 Personen
2 vorwiegend fest kochende Kartoffeln (etwa 250 g)
1 kleine Salatgurke (etwa 150 g)
2 säuerliche Äpfel
1 milde weiße oder rote Zwiebel
4 doppelte Matjesfilets
1/2 Bund Petersilie
1 TL scharfer Senf
2 1/2 EL Zitronensaft
Salz, Pfeffer
5 EL Olivenöl
1 EL Kapern nach Belieben

1. Die Kartoffeln waschen und in Wasser zugedeckt garen, aber nicht zu weich kochen.

2. Inzwischen die Gurke waschen oder schälen und in kleine Würfel schneiden. Die Äpfel vierteln, schälen und vom Kerngehäuse befreien. Ebenfalls würfeln. Die Zwiebel schälen und fein hacken. Von den Matjesfilets die Schwänze entfernen, den Fisch würfeln. Die Petersilie waschen und trockenschütteln, die Blättchen fein hacken.

3. Die Kartoffeln ausdampfen lassen, pellen und würfeln. Senf mit Zitronensaft, Salz und Pfeffer verrühren, das Öl unterschlagen.

4. Alle Salatzutaten mischen, nach Belieben Kapern dazugeben. Die Sauce untermischen, den Salat abschmecken und servieren.

Beilagen: Vollkornbrötchen oder Schwarzbrot

🕐 Zubereitung: 30 Min. | Pro Portion ca.: 400 kcal

Für 4 Personen
250 g Mozzarella
2 Knoblauchzehen
1 TL getrockneter Thymian
Salz, Pfeffer
Chilipulver
4 EL Olivenöl
150 g durchwachsener Speck
1 große Zwiebel
300 g feste Tomaten
4 getrocknete, in Öl eingelegte Tomaten
250 g dünne Makkaroni
3 EL Weißweinessig

Nudelsalat mit Speck und Tomaten

1. Den Mozzarella klein würfeln. Knoblauch schälen und durchpressen. Mit dem zerrebelten Thymian, Salz, Pfeffer, Chilipulver und 1 EL Öl mischen. Unter den Mozzarella rühren.

2. Den Speck klein würfeln. Die Zwiebel schälen, vierteln und in feine Streifen schneiden. Die Tomaten waschen und würfeln. Die getrockneten Tomaten in Streifen schneiden.

3. Die Nudeln in Stücke brechen und in kochendem Salzwasser garen, bis sie bissfest sind.

4. Inzwischen den Speck in einer Pfanne bei mittlerer Hitze etwa 3 Min. braten. Die Zwiebelstreifen dazugeben, etwa 4 Min. mitbraten. Mit dem Essig ablöschen, das übrige Öl dazugeben.

5. Die Nudeln abgießen und kalt abschrecken. Mit dem Speck, den frischen und den getrockneten Tomaten und dem Mozzarella mischen. Vor dem Servieren mindestens 30 Min. durchziehen lassen.

⏱ Zubereitung: 25 Min.	
⏱ Marinierzeit: 30 Min.	Pro Portion ca.: 715 kcal

Für 4 Personen
400 g Brokkoli
Salz
300 g kurze Nudeln (z. B. Penne oder Fusilli)
1 große rote Paprikaschote
1 EL entsteinte Oliven
2 Knoblauchzehen nach Belieben
100 g Bergkäse oder Gouda
100 g Edelpilzkäse
2 EL Mandelblättchen
3 EL Weißweinessig
Pfeffer
5 EL Öl (am besten Olivenöl)

Warmer Nudelsalat mit Gemüse und Käse

1. Den Brokkoli waschen und die Röschen abschneiden. Die Stiele schälen und würfeln.

2. Etwa 3 l Wasser mit Salz zum Kochen bringen. Die Nudeln darin etwa 4 Min. kochen, dann den Brokkoli dazugeben und weitere 4 Min. garen, bis Nudeln und Brokkoli bissfest sind.

3. Inzwischen die Paprikaschote waschen, halbieren und putzen. In kleine Würfel schneiden. Die Oliven in Scheiben schneiden. Nach Belieben Knoblauch schälen und fein hacken. Die beiden Käsesorten in kleine Würfel schneiden. Die Mandelblättchen in einer trockenen Pfanne unter Rühren goldgelb rösten.

4. Den Essig mit Salz, Pfeffer und dem Öl verschlagen. Die Nudeln abgießen und mit der Sauce mischen. Käse, Paprikawürfel, Oliven und eventuell Knoblauch unterheben. Den Salat abschmecken und mit den Mandelblättchen bestreut warm servieren.

⏱ Zubereitung: 25 Min.	Pro Portion ca.: 635 kcal

Für 4 Personen
500 g Fleischwurst (Lyoner) oder
Regensburger
1 Bund Frühlingszwiebeln
1 gelbe Paprikaschote
1 junger Zucchino
3 EL Apfelessig
2 TL süßer Senf
Salz, Pfeffer
3 EL Öl
1 Bund Schnittlauch

Wurstsalat mit Gemüsestreifen

1. Die Wurst häuten und in feine Scheiben schneiden. Die Frühlingszwiebeln waschen, putzen und mit dem zarten Grün in dünne Ringe schneiden. Die Paprikaschote und den Zucchino waschen und putzen, die Paprikaschote vierteln und in Streifen schneiden, den Zucchino erst in Scheiben, dann in Stifte schneiden.

2. Den Essig mit dem Senf, Salz und Pfeffer verrühren, das Öl unterschlagen. Wurst und Gemüse mit der Sauce mischen und abschmecken.

3. Den Schnittlauch waschen, trockenschütteln und in feine Röllchen schneiden. Über den Wurstsalat streuen.

Beilagen: dunkles Bauernbrot oder Brezen

○ Zubereitung: 15 Min. | Pro Portion ca.: 465 kcal

Für 4 Personen
250 g grüne Bohnen
250 g junge Möhren
2 Zwiebeln
Salz
400 g gegartes Rindfleisch (am
besten Tellerfleisch)
2 Gewürzgurken
4 EL Weißwein- oder Apfelessig
Pfeffer
1 Prise geriebene Muskatnuss
2 EL neutrales Öl und 3 EL Kürbiskernöl (ersatzweise 5 EL Olivenöl)
1 Bund Schnittlauch

Gemüse-Rindfleisch-Salat

1. Die Bohnen waschen und die Enden abschneiden, die Bohnen halbieren. Die Möhren schälen, putzen und der Länge nach vierteln. In etwa 4 cm lange Stücke schneiden. Die Zwiebeln schälen und achteln.

2. In einem Topf Salzwasser zum Kochen bringen. Die Bohnen darin etwa 4 Min. zugedeckt garen. Möhren und Zwiebeln dazugeben und etwa 6 Min. weiterkochen lassen, bis das Gemüse bissfest ist. In ein Sieb abgießen und gut abtropfen lassen.

3. Das Fleisch in feine Streifen schneiden. Die Gewürzgurken abtropfen lassen und würfeln. Den Essig mit Salz, Pfeffer und Muskat verrühren. Beide Ölsorten untermischen.

4. Die Salatzutaten mit der Sauce mischen und abschmecken. Schnittlauch waschen, trockenschütteln und in Röllchen schneiden. Über den Salat streuen.

Beilagen: Bauernbrot oder Bratkartoffeln

○ Zubereitung: 25 Min. | Pro Portion ca.: 260 kcal

Für 4 Personen
**1 kg kleinere fest kochende
Kartoffeln
Salz
400 g Tomaten
1 Bund Basilikum
100 g Mayonnaise
100 g saure Sahne
1 EL Pesto (aus dem Glas)
Pfeffer
1 TL Zitronensaft**

Kartoffel-Tomaten-Salat mit Pestosauce

1. Die Kartoffeln waschen und in kochendem Salzwasser in etwa 20 Min. weich garen. Abgießen und etwas ausdampfen lassen.

2. Die Tomaten waschen und in sehr kleine Würfel schneiden. Das Basilikum waschen und trockenschütteln, die Blättchen abzupfen. Ein paar schöne zum Bestreuen beiseite legen, den Rest in Streifen schneiden.

3. Mayonnaise mit saurer Sahne und Pesto verrühren, mit Salz, Pfeffer und Zitronensaft abschmecken. Kartoffeln pellen und in Würfel oder dünne Scheiben schneiden. Mit der Sauce und den Tomaten mischen und nochmals abschmecken. Mit den Basilikumblättchen bestreut servieren.

Beilagen: Olivenbrötchen oder Ciabatta und eventuell Salami oder Schinken

🕐 Zubereitung: 30 Min. | Pro Portion ca.: 380 kcal

Für 4 Personen
**1 kg kleinere fest kochende
Kartoffeln
Salz
150 g durchwachsener Räucherspeck
1 große Zwiebel
1/4 l kräftige Fleischbrühe (Instant)
1 EL scharfer Senf
2 EL Apfelessig
Pfeffer
2 EL Öl
4 Essiggurken
1 Bund Schnittlauch**

Lauwarmer Kartoffelsalat mit Speck

1. Die Kartoffeln waschen und in kochendem Salzwasser zugedeckt in etwa 20 Min. weich garen.

2. Inzwischen den Speck von Schwarte und Knorpeln befreien und klein würfeln. Zwiebel schälen und fein hacken.

3. Den Speck in einer Pfanne bei mittlerer Hitze ausbraten und leicht knusprig werden lassen. Die Zwiebel dazugeben und kurz mitbraten. Mit der Brühe ablöschen, mit Senf und Essig verrühren, salzen, pfeffern und das Öl untermischen. Die Pfanne vom Herd ziehen.

4. Die Kartoffeln pellen und in dünne Scheiben schneiden. Essiggurken der Länge nach vierteln und quer in feine Scheiben schneiden. Kartoffeln und Gurken mit dem Speckdressing mischen und würzig abschmecken.

5. Den Schnittlauch waschen, trockenschütteln und in Röllchen schneiden. Den Salat damit bestreuen und servieren.

Beilagen: Kümmelstangen und Radieschen

🕐 Zubereitung: 30 Min. | Pro Portion ca.: 415 kcal

Für 4 Personen
1 Stange Lauch
1 Möhre
2 Knoblauchzehen
400 g Tomaten
1 EL Öl
150 g Langkornreis
1 l Gemüse- oder Fleischbrühe
150 g Crème fraîche
Salz, Pfeffer
frisch geriebene Muskatnuss
100 g gekochter Schinken oder
kleine Krabben nach Belieben
1/2 Bund Dill

Reissuppe mit Tomaten

1. Den Lauch putzen, längs aufschneiden, gründlich waschen und mit dem saftigen Grün fein schneiden. Die Möhre und den Knoblauch schälen und fein hacken. Die Tomaten waschen und in sehr kleine Würfel schneiden.

2. Das Öl im Suppentopf erhitzen. Lauch, Möhre und Knoblauch darin kurz andünsten, den Reis dazugeben und untermischen. Tomaten und Brühe hinzufügen und erhitzen.

3. Die Suppe zugedeckt bei mittlerer Hitze 15–18 Min. garen, bis der Reis bissfest ist. Die Crème fraîche unter die Suppe rühren, mit Salz, Pfeffer und Muskat abschmecken.

4. Nach Belieben den Schinken fein würfeln, Schinken oder Krabben kurz in der Suppe erwärmen. Dill waschen, trockenschütteln und fein hacken. Über die Suppe streuen.

Beilage: Toastbrot

| Zubereitung: 30 Min. | Pro Portion ca.: 415 kcal |

Für 4 Personen
300 g Langkornreis
Salz
150 g TK-Erbsen
150 g Salami (italienisch, ungarisch oder spanisch)
1 große rote Paprikaschote
1/2 Bund Petersilie
4 EL Weißweinessig
4 EL Gemüsebrühe oder Wasser
Pfeffer
1 TL edelsüßes Paprikapulver
1 TL Tomatenmark
4 EL Olivenöl

Reissalat mit Salami und Paprika

1. Den Reis mit etwa 600 ml Wasser und Salz in einem Topf zum Kochen bringen und zugedeckt bei schwacher Hitze etwa 12 Min. garen. Die Erbsen untermischen, zugedeckt weitere 5 Min. köcheln lassen, bis Reis und Erbsen gar sind. Offen etwas abkühlen lassen.

2. Die Salami häuten und in dünne Scheiben schneiden (große Scheiben halbieren oder vierteln). Die Paprikaschote waschen, halbieren, putzen und in kleine Würfel schneiden. Die Petersilie waschen und trockenschütteln, die Blättchen fein hacken.

3. Den Essig mit der Brühe, Salz, Pfeffer, Paprikapulver und Tomatenmark verrühren, das Öl unterschlagen. Reis und Erbsen mit Salamischeiben, Paprikawürfeln und Petersilie mischen, das Dressing unterziehen. Nochmals abschmecken und servieren.

Beilage: Bauernbrot

| Zubereitung: 25 Min. | Pro Portion ca.: 530 kcal |

Kartoffel-Lauch-Suppe mit Kräutern

Für 4 Personen
2 Stangen Lauch
500 g mehlig kochende Kartoffeln
2 EL Butter
1 l Gemüse- oder Hühnerbrühe
je 1 Bund Petersilie und Schnittlauch
1 Kästchen Gartenkresse
150 g Sahne
Salz, Pfeffer
frisch geriebene Muskatnuss

1. Den Lauch putzen, längs aufschneiden, gründlich waschen und in feine Streifen schneiden. Die Kartoffeln schälen, waschen und in Würfel schneiden.

2. Die Butter im Suppentopf erhitzen, den Lauch darin bei mittlerer Hitze 3–4 Min. andünsten. Etwa 1 EL davon abnehmen und beiseite stellen. Die Kartoffeln in den Topf geben und kurz andünsten. Mit der Brühe aufgießen und zum Kochen bringen. Zugedeckt bei mittlerer Hitze etwa 15 Min. garen, bis die Kartoffeln weich sind.

3. Petersilie und Schnittlauch waschen und trockenschütteln, beides fein schneiden. Die Kresse vom Beet schneiden.

4. Die Suppe pürieren, die Sahne einrühren und mit Salz, Pfeffer und Muskat abschmecken. Den beiseite gestellten Lauch, Petersilie und Schnittlauch untermischen. Die Suppe mit der Kresse bestreut servieren.

Beilage: Toastbrot

🕐 Zubereitung: 30 Min. | Pro Portion ca.: 290 kcal

Kartoffelsuppe mit Kasseler

Für 4 Personen
2 Zwiebeln
500 g vorwiegend fest kochende Kartoffeln
1 EL Butter
1 l Fleisch- oder Gemüsebrühe
2 junge Zucchini
2 Scheiben geräuchertes Kasseler (je 125 g)
1 TL Tomatenmark
Salz, Pfeffer
1 Prise gemahlener Kümmel
1/2 Bund Dill

1. Die Zwiebeln schälen, vierteln und in feine Streifen schneiden. Die Kartoffeln schälen, waschen und würfeln.

2. Butter im Suppentopf erhitzen. Die Zwiebeln darin kurz anbraten. Kartoffeln untermischen, mit der Brühe ablöschen und zum Kochen bringen. Zugedeckt bei mittlerer Hitze etwa 10 Min. garen.

3. Inzwischen die Zucchini waschen, putzen und in 1 cm große Würfel schneiden. Kasseler vom Knochen lösen und klein würfeln.

Zucchini- und Kasselerwürfel zur Suppe geben, weitere 5 Min. garen, bis die Kartoffeln weich sind.

4. Die Suppe mit dem Tomatenmark verrühren, mit Salz, Pfeffer und Kümmel abschmecken. Den Dill waschen, trockenschütteln und fein hacken. Über die Suppe streuen.

Beilagen: Bauernbrot oder Brezen

🕐 Zubereitung: 25 Min. | Pro Portion ca.: 310 kcal

Linsensuppe mit Wurst und Kräutern

Für 4 Personen
1 Bund Suppengrün
1 Tomate
2 Knoblauchzehen
2 EL Olivenöl
200 g braune Linsen
1 1/4 l Gemüsebrühe
200 g Knoblauchwurst oder Wiener Würstchen
1 Bund Rucola oder gemischte Kräuter
3 EL Aceto balsamico
Salz, Pfeffer

1. Das Suppengrün waschen, putzen und fein schneiden. Die Tomate waschen und klein würfeln. Knoblauch schälen und hacken.

2. Das Öl im Suppentopf erhitzen, das Suppengrün und den Knoblauch darin andünsten. Die Linsen dazugeben, Brühe und Tomate untermischen. Zugedeckt bei schwacher bis mittlerer Hitze 30–40 Min. garen, bis die Linsen weich sind.

3. Die Wurst eventuell häuten, in Scheiben schneiden. Rucola oder Kräuter verlesen, waschen und grob hacken. Mit den Wurstscheiben in der Suppe erwärmen. Mit Essig, Salz und Pfeffer abschmecken.

Variante

Rote-Linsen-Suppe
1 Zwiebel und 2 Knoblauchzehen hacken und mit 200 g roten Linsen in Öl anbraten. Mit knapp 1 l Brühe aufgießen, 400 g Tomaten aus der Dose klein geschnitten dazugeben. 10–15 Min. kochen, bis die Linsen weich sind. Mit Crème fraîche verfeinern, salzen und pfeffern und mit Basilikum bestreuen.

🕐 Zubereitung: 20 Min.

🕐 Garzeit: 30–40 Min. | Pro Portion ca.: 440 kcal

Rote-Bohnen-Suppe mit Hack und Möhren

Für 4 Personen
250 g Möhren
1 Zwiebel
2 Knoblauchzehen
2 EL Olivenöl
200 g gemischtes Hackfleisch
1 l Fleisch- oder Gemüsebrühe
1 Dose rote Bohnen (250 g Abtropfgewicht)
1 EL Tomatenmark
Salz, Pfeffer
Chilipulver nach Belieben

1. Die Möhren schälen, putzen und in kleine Würfel schneiden. Zwiebel und Knoblauch schälen, die Zwiebel klein würfeln, den Knoblauch fein hacken.

2. Das Olivenöl im Suppentopf erwärmen, Möhren, Zwiebel und Knoblauch darin anbraten. Das Fleisch dazugeben und unter Rühren krümelig braten.

3. Die Brühe angießen und zum Kochen bringen. Die Bohnen in einem Sieb kalt abspülen und abtropfen lassen, in den Topf geben.

4. Die Suppe mit Tomatenmark, Salz, Pfeffer und Chilipulver nach Belieben abschmecken.

Beilagen: Bauernbrot und auf jede Portion 1 Klecks saure Sahne

🕐 Zubereitung: 20 Min. | Pro Portion ca.: 620 kcal

Für 4 Personen
500 g Brokkoli
1 Zwiebel
2 EL Butter
1 gehäufter EL Mehl
1 l Gemüsebrühe
Salz, Pfeffer
1 TL Currypulver
1 Kästchen Gartenkresse
150 g saure Sahne
1 Msp. scharfer Senf
100 g Crème fraîche
1 TL Zitronensaft

Brokkolicremesuppe mit Kressesahne

1. Den Brokkoli waschen und die Röschen abschneiden, die Stiele schälen und würfeln. Die Zwiebel schälen und fein hacken.

2. Die Butter im Suppentopf erhitzen, Zwiebel und Brokkoli darin unter Rühren 2–3 Min. anbraten. Mit dem Mehl bestäuben und kurz anschwitzen. Die Gemüsebrühe angießen und zum Kochen bringen. Die Suppe mit Salz, Pfeffer und dem Currypulver würzen und zugedeckt bei schwacher bis mittlerer Hitze etwa 10 Min. garen, bis der Brokkoli weich ist.

3. Inzwischen die Kresse vom Beet schneiden. Saure Sahne mit Senf, Salz und Pfeffer verrühren, die Kresse untermischen.

4. Die Suppe fein pürieren, mit der Crème fraîche verrühren und mit dem Zitronensaft und eventuell noch etwas Salz und Pfeffer abschmecken. In Teller verteilen und jeweils mit 1 Klecks Kressesahne garniert servieren.

Beilage: Toastbrot

○ Zubereitung: 30 Min. | Pro Portion ca.: 265 kcal

Für 4 Personen
1 Stück Kürbis (etwa 800 g)
200 g mehlig kochende Kartoffeln
1 Zwiebel
1 EL Öl
1 l Gemüsebrühe
Salz, Pfeffer
1 Prise gemahlener Kümmel
2 Scheiben Bauernbrot
1 EL Zitronensaft
100 g Sahne
1 EL Butter
2 EL Kürbiskerne

Kürbissuppe mit gerösteten Brotwürfeln

1. Den Kürbis schälen und von Kernen und Fasern befreien. Das Fruchtfleisch würfeln. Die Kartoffeln schälen, waschen und ebenfalls würfeln. Die Zwiebel schälen und fein hacken.

2. Im großen Topf das Öl erhitzen. Kürbis, Kartoffeln und Zwiebel darin andünsten. Mit der Brühe aufgießen. Die Suppe mit Salz, Pfeffer und Kümmel würzen und zugedeckt bei mittlerer Hitze etwa 15 Min. garen, bis das Gemüse weich ist.

3. Inzwischen das Brot entrinden und in Würfel schneiden.

4. Die Suppe fein pürieren, Zitronensaft und Sahne einrühren und abschmecken. Die Butter in einer Pfanne zerlassen, die Brotwürfel darin unter Rühren knusprig braten. Die Kürbiskerne dazugeben und ebenfalls leicht knusprig werden lassen. Die Kürbissuppe in Teller verteilen und mit Brotwürfeln und Kürbiskernen bestreut servieren.

○ Zubereitung: 30 Min. | Pro Portion ca.: 325 kcal

Nudeln, Kartoffeln & Reis

Lieblingsgerichte

Nudeln machen glücklich, Kartoffeln überhaupt nicht dick, und Reis ist viel zu gut, um immer nur als Beilage auf dem Teller zu landen.

Stress und Langeweile sind tabu: Die Nudelsaucen sind so schnell fertig, dass sie eher auf die Nudeln warten müssen, Kartoffeln schmecken gebraten, gekocht und als Gulasch, Reis als Füllung im Gemüse, gebraten aus der Pfanne oder zu Risotto geschmort.

Bandnudeln mit Tomaten-Käse-Sauce

Für 4 Personen
400 g Bandnudeln, Salz
1 große Dose geschälte Tomaten (800 g)
1 EL Olivenöl
80 g sehr frische Sahne oder Crème fraîche
100 g frisch geriebener Parmesan oder mittelalter Gouda oder gewürfelter Gorgonzola
Pfeffer
1/2 Bund Petersilie

1. Die Nudeln nach Packungsaufschrift in reichlich kochendem Salzwasser bissfest kochen.

2. Inzwischen für die Sauce die Tomaten abtropfen lassen und klein würfeln (Saft wegschütten). Öl erhitzen und die Tomaten darin andünsten. Sahne und Käse dazugeben und unter Rühren bei schwacher Hitze erwärmen, bis der Käse schmilzt. Mit Salz und Pfeffer abschmecken.

3. Die Petersilie waschen und trockenschütteln, die Blättchen fein hacken. Die Nudeln abgießen und mit der Sauce und der Petersilie mischen.

Schinkennudeln

Für 4 Personen
300 g Bandnudeln
Salz
1 rote Paprikaschote
4 Frühlingszwiebeln
200 g gekochter Schinken in Scheiben
2 EL Butter
2 Eier, 150 g Sahne
Pfeffer

1. Die Nudeln nach Packungsaufschrift in reichlich kochendem Salzwasser bissfest kochen. Abgießen, kalt abschrecken und abtropfen lassen.

2. Die Paprikaschote waschen, putzen und in feine Streifen schneiden. Die Frühlingszwiebeln waschen, putzen und mit dem knackigen Grün in feine Ringe schneiden. Den Schinken würfeln.

3. Die Paprikastreifen in der Butter anbraten, Nudeln und Zwiebeln dazugeben und einige Minuten braten. Schinken untermischen und erhitzen.

4. Eier und Sahne verquirlen, salzen und pfeffern. Unter die Schinkennudeln mischen, ganz kurz weiterbraten, bis die Eier gestockt sind.

🕐 Zubereitung: 20 Min. | Pro Portion ca.: 570 kcal

🕐 Zubereitung: 25 Min. | Pro Portion ca.: 575 kcal

Neue Kartoffeln mit Frühlingsquark

Für 4 Personen
1 kg neue Kartoffeln (möglichst gleich groß)
Salz
1 kleines Bund Radieschen
1 Bund Schnittlauch
1 Kästchen Gartenkresse
500 g Quark, Topfen oder Schichtkäse
250 g saure Sahne
1 TL scharfer Senf, 2 TL Öl
Pfeffer

1. Die Kartoffeln unter fließendem Wasser gründlich abbürsten. In einen Topf geben, zur Hälfte mit Wasser bedecken und salzen. Zugedeckt bei mittlerer Hitze in 20–30 Min. weich kochen.

2. Inzwischen die Radieschen waschen, putzen und klein würfeln. Schnittlauch waschen und in feine Röllchen schneiden, Kresse vom Beet schneiden.

3. Quark mit saurer Sahne, Senf und Öl verrühren. Radieschen und Kräuter untermischen, mit Salz und Pfeffer abschmecken. Zu den Kartoffeln servieren.

🕐 Zubereitung: 30 Min. | Pro Portion ca.: 370 kcal

Kartoffel-Tortilla

Für 4 Personen
600 g vorwiegend fest kochende Kartoffeln
1 Zwiebel
100 g Knoblauchwurst nach Belieben
4 EL Olivenöl
6 Eier
Salz, Pfeffer

1. Die Kartoffeln schälen, waschen und in sehr dünne Scheiben schneiden oder hobeln. Zwiebel schälen, vierteln und in Streifen schneiden. Wurst eventuell häuten, in dünne Scheiben schneiden.

2. Das Öl in einer großen Pfanne erhitzen. Kartoffeln, Zwiebel und Wurst darin unter Rühren etwa 6 Min. braten. Die Eier mit Salz und Pfeffer schaumig schlagen.

3. Die Eimasse über die Kartoffeln gießen und bei schwacher Hitze zugedeckt 15 Min. garen. Zum Servieren in Tortenstücke schneiden.

Beilagen: kalter Braten oder gekochter Schinken

🕐 Zubereitung: 20 Min.
🕐 Garzeit: 15 Min. | Pro Portion ca.: 420 kcal

Tagliatelle Carbonara

Für 4 Personen
400 g Tagliatelle (mittelbreite Bandnudeln)
Salz
100 g durchwachsener Räucherspeck
1 EL Olivenöl
3 sehr frische Eier
50 g Sahne
50 g frisch geriebener Parmesan
Pfeffer

1. Für die Nudeln 4 l Wasser zum Kochen bringen und salzen. Die Nudeln darin nach Packungsaufschrift al dente kochen.

2. Inzwischen den Speck in kleine Würfel schneiden. Das Öl in einer Pfanne erwärmen und die Speckwürfelchen darin bei mittlerer Hitze ausbraten und leicht knusprig werden lassen.

3. Die Eier mit der Sahne und dem Käse verrühren. Die Mischung kräftig pfeffern.

4. Die Nudeln abgießen, mit dem Speck und der Eiermischung im Topf verrühren und nur noch etwa 1/2 Min. erwärmen. In vorgewärmten Tellern servieren.

🕐 Zubereitung: 20 Min. | Pro Portion ca.: 675 kcal

Nudeln mit Tunfisch-Gemüse-Sauce

Für 4 Personen
1 Möhre
1 Zwiebel
2 Knoblauchzehen
400 g kurze Nudeln (z. B. Penne oder Fusilli)
Salz
1 kleine Dose geschälte Tomaten (400 g)
1 Dose Tunfisch im eigenen Saft (150 g Abtropfgewicht)
2 EL Olivenöl
1 EL Kapern nach Belieben
Pfeffer
1/2 Bund Basilikum

1. Die Möhre, die Zwiebel und den Knoblauch schälen und sehr fein würfeln.

2. Für die Nudeln 4 l Wasser zum Kochen bringen und salzen. Die Nudeln darin nach Packungsangabe al dente kochen.

3. Für die Sauce die Tomaten abtropfen lassen (den Saft wegschütten) und klein schneiden. Den Tunfisch ebenfalls abtropfen lassen und zerpflücken.

4. Das Öl erhitzen, Zwiebel, Möhre und Knoblauch darin andünsten. Tomaten mit Kapern dazugeben, salzen und pfeffern und offen etwa 4 Min. köcheln lassen. Den Tunfisch untermischen und erhitzen. Die Nudeln abgießen, mit der Sauce mischen und abschmecken.

5. Das Basilikum waschen und trockenschütteln, die Blättchen in Streifen schneiden und über die Nudeln streuen.

🕐 Zubereitung: 20 Min. | Pro Portion ca.: 470 kcal

Für 4 Personen
150 g Champignons
1 Zwiebel
2 EL Olivenöl
250 g gemischtes Hackfleisch
1 Dose stückige Tomaten (400 g)
1 TL getrockneter Thymian
Salz, Pfeffer
1 Prise Chilipulver nach Belieben
400 g Farfalle

Farfalle mit Blitzbolognese

1. Die Pilze putzen und in Scheiben schneiden. Die Zwiebel schälen und fein würfeln.

2. Das Öl erhitzen, das Hackfleisch darin krümelig braten. Pilze und Zwiebel kurz mitbraten. Die Tomaten untermischen. Das Ragout mit zerrebeltem Thymian, Salz, Pfeffer und eventuell etwas Chilipulver abschmecken und bei schwacher Hitze offen 10 Min. köcheln lassen.

3. Die Nudeln in 4 l kochendem Salzwasser nach Packungsangabe al dente kochen, abgießen und mit der Bolognese servieren.

Tipp

Statt Hackfleisch können Sie für die Sauce auch rohe Bratwürste nehmen: Die Masse in kleinen Stücken aus der Haut drücken und wie das Hackfleisch braten und krümelig werden lassen.

🕐 Zubereitung: 25 Min. | Pro Portion ca.: 595 kcal

Für 4 Personen
400 g Lachsfilet
1 EL Zitronensaft
Salz, Pfeffer
400 g Bandnudeln
100 ml Fischfond
125 g Sahne
2 Kästchen Gartenkresse

Bandnudeln mit Lachssahne

1. Den Lachs waschen und mit Küchenpapier abtrocknen. In mundgerechte Würfel schneiden und mit dem Zitronensaft, Salz und Pfeffer mischen.

2. Für die Nudeln etwa 4 l Wasser zum Kochen bringen und salzen. Die Nudeln darin nach Packungsangabe al dente kochen.

3. Für die Sauce den Fischfond mit der Sahne erhitzen und cremig einkochen lassen. Die Lachswürfel in die Sauce geben und etwa 2 Min. darin ziehen lassen. Die Kresse vom Beet schneiden und bis auf einen kleinen Rest unter die Sauce mischen. Mit Salz und Pfeffer abschmecken.

4. Die Nudeln abgießen, vorsichtig mit der Lachssahne mischen und in vorgewärmte Teller verteilen. Mit der übrigen Kresse bestreut möglichst sofort servieren.

🕐 Zubereitung: 20 Min. | Pro Portion ca.: 670 kcal

Tortellini mit Brokkolipüree

Für 4 Personen
400 g Brokkoli
1 Zwiebel
4 Knoblauchzehen
2 EL Olivenöl
1/8 l trockener Weißwein oder
Gemüsebrühe
Salz, Pfeffer
1 EL Mandelblättchen
400 g Tortellini (aus dem Kühl-
regal)
2 TL Tomatenmark
75 g Sahne
Chilipulver nach Belieben

1. Den Brokkoli waschen, die Röschen abschneiden. Die Stiele schälen und in kleine Würfel schneiden. Die Zwiebel und den Knoblauch schälen und fein hacken.

2. Das Öl erhitzen, Zwiebel und Knoblauch darin andünsten. Den Brokkoli kurz mitbraten, mit dem Wein oder der Brühe aufgießen. Mit Salz und Pfeffer würzen und zugedeckt bei schwacher Hitze etwa 8 Min. dünsten, bis der Brokkoli weich ist.

3. Inzwischen die Mandelblättchen in einer Pfanne ohne Fett goldgelb rösten. Für die Tortellini etwa 4 l Wasser zum Kochen bringen und salzen. Die Tortellini darin nach Packungsangabe garen.

4. Den Brokkoli mit der Kochflüssigkeit pürieren, mit Tomatenmark und Sahne verrühren und mit Salz, Pfeffer und Chilipulver nach Belieben abschmecken. Die Tortellini abgießen und abtropfen lassen, mit dem Püree mischen und in vorgewärmte Teller verteilen. Mit den Mandelblättchen bestreut servieren.

🕐 Zubereitung: 25 Min. | Pro Portion ca.: 360 kcal

Penne mit Kohlrabi und Pesto

Für 4 Personen
400 g Penne
Salz
2 kleinere Kohlrabi (etwa 600 g)
1 EL Butter
1 EL Olivenöl
3 EL Pesto (aus dem Glas)
Pfeffer
Basilikumblättchen zum Bestreuen

1. Für die Nudeln etwa 4 l Wasser zum Kochen bringen und salzen. Die Nudeln darin nach Packungsangabe garen.

2. Inzwischen die Kohlrabi schälen und von allen holzigen Stellen befreien. In etwa 1/2 cm dicke Scheiben, dann in ebenso dicke Stifte schneiden.

3. Butter und Öl in einer Pfanne erhitzen. Die Kohlrabistifte darin bei mittlerer Hitze unter Rühren etwa 6 Min. braten, bis sie bissfest sind. Das Pesto mit 1/2 Schöpfkelle Nudelkochwasser dazugeben. Das Gemüse mit Salz und Pfeffer abschmecken.

4. Die Nudeln abgießen, zu den Kohlrabi in die Pfanne geben und gut mischen. In vorgewärmte Teller verteilen und mit Basilikumblättchen bestreut servieren.

Beilage: frisch geriebener Parmesan

🕐 Zubereitung: 20 Min. | Pro Portion ca.: 510 kcal

Für 4 Personen
400 g Schweineschnitzel oder
Hähnchenbrustfilet
200 g Champignons
1 Zwiebel
2 Knoblauchzehen
2 EL Öl
1/8 l Hühner- oder Gemüsebrühe
150 g Sahne
1/2 TL scharfer Senf
Salz, Pfeffer
400 g Spätzle (aus dem Kühlregal;
für selbst gemachte siehe Tipp)
2 EL Schnittlauchröllchen

Spätzle mit Fleisch-Pilz-Sauce

1. Das Fleisch in feine Streifen schneiden. Die Pilze putzen, in dünne Scheiben schneiden. Zwiebel und Knoblauch schälen und hacken.

2. Das Öl in einer Pfanne erhitzen. Das Fleisch darin unter Rühren bei starker Hitze 2–3 Min. braten, herausnehmen. Die Pilze im Bratfett ebenfalls 2–3 Min. braten. Zwiebel und Knoblauch kurz mitbraten. Fleisch wieder untermischen, mit Brühe und Sahne aufgießen. Leicht einkochen lassen, mit Senf, Salz und Pfeffer würzen.

3. Inzwischen die Spätzle in 4 l kochendem Salzwasser nach Packungsangabe bissfest garen.

4. Die Spätzle abgießen, in Teller verteilen und mit der Sauce bedecken. Mit Schnittlauch bestreut servieren.

Tipp

Für selbst gemachte Spätzle 350 g Mehl, 3 Eier, 1 TL Salz und etwa 175 ml Wasser verrühren, 30 Min. stehen lassen. Durch die Presse oder den Spätzleschaber in kochendes Salzwasser drücken. Kurz garen, herausnehmen und abtropfen lassen.

⏱ Zubereitung: 25 Min. | Pro Portion ca.: 690 kcal

Für 4 Personen
1 dicke Stange Lauch
1/2 unbehandelte Zitrone
400 g Eiernudeln
Salz
1 EL Butter
etwa 350 g gehackter TK-Blatt-
spinat (3/4 einer Packung)
100 g Sahne
50 g frisch geriebener Hartkäse
(z. B. Parmesan)
Pfeffer

Eiernudeln mit Lauch-Spinat

1. Den Lauch putzen, längs aufschneiden und gründlich waschen. In feine Streifen schneiden. Die Zitrone heiß waschen und abtrocknen. Die Schale abreiben, den Saft auspressen.

2. Die Nudeln in 4 l kochendem Salzwasser nach Packungsangabe bissfest kochen.

3. Schon während das Nudelwasser heiß wird die Butter erhitzen und den Lauch darin andünsten. Spinat und Zitronenschale dazugeben und zugedeckt bei schwacher Hitze in etwa 8–10 Min. auftauen und garen. Dabei gelegentlich durchrühren.

4. Die Sahne mit dem Käse unter den Spinat mischen, mit Salz, Pfeffer und etwa 1 EL Zitronensaft abschmecken. Die Nudeln abgießen und mit dem Spinat mischen.

Tipp

Wer mag, kann mit dem Lauch ein paar Speckwürfel oder Schinkenstreifen andünsten. Statt Parmesan passt auch gewürfelter Edelpilzkäse, z. B. Gorgonzola.

⏱ Zubereitung: 20 Min. | Pro Portion ca.: 515 kcal

Für 4 Personen
1 großes Bund Rucola
250 g Mehl
3 Eier
3/8 l Milch
1/8 l kohlensäurehaltiges
Mineralwasser
Salz
2 EL Butterschmalz
600 g feste Tomaten
1 milde weiße Zwiebel
2 EL milder Weißweinessig oder
Balsamico bianco
Pfeffer
1 Prise Zucker
4 EL Olivenöl

Rucolaschmarren mit Tomatensalat

1. Den Rucola von allen welken Blättern und den harten Stielen befreien, waschen, trockenschütteln und fein hacken.

2. Das Mehl in eine Schüssel geben, die Eier, die Milch und das Mineralwasser gut unterrühren. Den Teig kräftig salzen, den Rucola untermischen.

3. Das Butterschmalz in einer großen Pfanne erhitzen. Den Teig hineingießen und bei schwacher bis mittlerer Hitze in etwa 8 Min. stocken lassen.

4. Inzwischen für den Salat die Tomaten waschen und achteln. Die Zwiebel schälen, vierteln und in feine Streifen schneiden. Essig mit Salz, Pfeffer und Zucker verrühren, das Öl unterschlagen. Mit den Tomaten und den Zwiebelstreifen mischen und abschmecken.

5. Den Teig wenden und nochmals etwa 4 Min. braten. Dann mit zwei Gabeln in Stücke reißen und unter Rühren noch einige Minuten braten, bis die Teigstücke schön knusprig sind. Den Rucolaschmarren auf Teller verteilen und mit dem Tomatensalat servieren.

Varianten

• Spinat oder Mangoldblätter blanchieren, hacken und unter den Teig mischen.
• Bärlauch oder Petersilie statt Rucola verwenden.
• Zusätzlich etwas gewürfelten Speck ausbraten und mit unter den Teig rühren.
• Statt Tomatensalat einen bunt gemischten Salat dazu servieren.
• Dünne Pfannkuchen backen und mit Spinat füllen.
• Übrig gebliebene Pfannkuchen in Streifen schneiden und als Suppeneinlage verwenden.

🕐 Zubereitung: 25 Min. | Pro Portion ca.: 495 kcal

Kartoffelgulasch mit Würstchen

Für 4 Personen
750 g vorwiegend fest kochende Kartoffeln
250 g Zwiebeln
100 g durchwachsener Speck
1 Stück Salatgurke (etwa 250 g)
1 TL edelsüßes Paprikapulver
1/2 TL rosenscharfes Paprikapulver
Salz, Pfeffer
knapp 1/2 l Fleisch- oder Gemüsebrühe
3 Paar Wiener Würstchen (etwa 300 g)
1/2 Bund Petersilie
4 EL saure Sahne

1. Die Kartoffeln schälen, waschen und in etwa 2 cm große Würfel schneiden. Die Zwiebeln schälen und fein hacken. Den Speck ohne Schwarte und Knorpel klein würfeln. Die Gurke schälen, der Länge nach halbieren und die Kerne mit einem Teelöffel herauskratzen. Gurke in etwa 1/2 cm dicke Scheiben schneiden.

2. Den Speck in einem Topf leicht knusprig braten. Die Zwiebeln kurz mitbraten. Kartoffeln untermischen, beide Paprikasorten darüber stäuben und kurz anschwitzen, salzen und pfeffern. Mit der Brühe aufgießen, zum Kochen bringen und zugedeckt bei mittlerer Hitze etwa 10 Min. garen.

3. Die Gurkenstücke untermischen und weitere 5 Min. garen, bis die Kartoffeln weich sind. Die Würstchen in Scheiben schneiden, dazugeben und erwärmen.

4. Die Petersilie waschen und hacken. Mit der sauren Sahne unter das Kartoffelgulasch mischen und abschmecken. Heiß servieren.

⏱ Zubereitung: 25 Min. | Pro Portion ca.: 570 kcal

Kartoffelragout mit Sommergemüse

Für 4 Personen
750 g kleinere fest kochende Kartoffeln
Salz
1 rote Paprikaschote
2 junge Zucchini
400 g Tomaten
2 rote Zwiebeln
3 EL Olivenöl
1 Bund Rucola
1 Bund Petersilie
Salz, Pfeffer
125 g Mozzarella

1. Die Kartoffeln waschen und in der Schale in Salzwasser in etwa 20 Min. weich kochen.

2. Inzwischen die Paprikaschote waschen, halbieren, putzen und in Würfel schneiden. Die Zucchini waschen und vom Stielansatz befreien, erst in Scheiben, dann in dicke Stifte schneiden. Die Tomaten waschen oder häuten und würfeln. Die Zwiebeln schälen und achteln.

3. Das Olivenöl in einem Topf erhitzen. Zucchini, Zwiebeln und Paprika darin einige Minuten braten. Tomaten untermischen, zugedeckt bei schwacher Hitze etwa 8 Min. schmoren lassen. Die Kartoffeln etwas ausdampfen lassen, pellen und vierteln. Unter das Gemüse mischen und kurz ziehen lassen.

4. Rucola und Petersilie waschen, die Blätter fein hacken. Unter das Kartoffelragout mischen, salzen und pfeffern. Den Mozzarella würfeln, darauf verteilen und zugedeckt in etwa 2 Min. leicht schmelzen lassen.

⏱ Zubereitung: 30 Min. | Pro Portion ca.: 290 kcal

Für 4 Personen
1 kg mehlig kochende Kartoffeln
Salz
1 kleiner Kopf Wirsing (etwa 700 g)
1 Zwiebel
150 g Bacon (Frühstücksspeck in dünnen Scheiben)
1 EL Öl
100 ml Fleisch- oder Gemüsebrühe
Pfeffer
frisch geriebene Muskatnuss
1/2 Bund Petersilie
etwa 200 ml Milch
2 EL Butter

Kartoffelpüree mit Wirsing und Speck

1. Die Kartoffeln schälen, waschen und in gleichmäßig große Würfel schneiden. Mit Salzwasser in einem Topf zum Kochen bringen und zugedeckt bei mittlerer Hitze in 15–20 Min. gut weich kochen.

2. Inzwischen den Wirsing von welken Blättern befreien, waschen, vierteln und den Strunk entfernen. Die Viertel in Streifen schneiden. Die Zwiebel schälen, halbieren und ebenfalls in Streifen schneiden. Den Frühstücksspeck jeweils der Länge nach vierteln.

3. Eine Pfanne erhitzen und die Speckstreifen darin knusprig braten, wieder herausnehmen. Das Öl in die Pfanne geben und den Wirsing mit der Zwiebel darin andünsten. Mit der Brühe aufgießen, mit Salz, Pfeffer und Muskat würzen und zugedeckt bei mittlerer Hitze etwa 5 Min. dünsten.

4. Die Petersilie waschen und trockenschütteln, die Blättchen fein hacken.

5. Die Milch erhitzen. Die Kartoffeln abgießen und im Topf mit dem Kartoffelstampfer fein zerdrücken. Milch und Butter untermischen und alles gut verrühren. Mit Salz und Muskat abschmecken.

6. Den Speck unter den Wirsing mischen und wieder erwärmen. Mit Petersilie bestreuen und mit dem Kartoffelpüree servieren.

Varianten

• Statt Wirsing Sauerkraut nehmen und mit der doppelten Menge Brühe etwa doppelt so lange dünsten.
• Bratwürste und Apfelscheiben braten und zum Püree servieren.
• Bratwurstmasse aus der Haut drücken, mit Zwiebel- und Paprikawürfeln in Öl anbraten, mit Brühe und etwas Crème fraîche verrühren, abschmecken und zum Püree servieren.
• Einen Teil der Kartoffeln durch Äpfel ersetzen, zusammen garen und zerstampfen.

⏱ Zubereitung: 25 Min. | Pro Portion ca.: 495 kcal

Für 4 Personen

800 g gekochte Pellkartoffeln (vom Vortag)
je 1 kleine rote, gelbe und grüne Paprikaschote
150 g Schafkäse (Feta)
4 dünne Schweinekoteletts (je etwa 170 g)
Salz, Pfeffer
1 TL edelsüßes Paprikapulver
4 EL Olivenöl
1 EL kleine Basilikumblättchen

Kartoffel-Paprika-Pfanne mit Koteletts

1. Die Kartoffeln pellen und achteln. Die Paprikaschoten waschen, halbieren, putzen und in grobe Stücke schneiden. Den Schafkäse 1 cm groß würfeln. Die Koteletts auf beiden Seiten mit Salz, Pfeffer und Paprika würzen.

2. In einer Pfanne die Hälfte des Öls erhitzen. Die Paprikastücke darin bei mittlerer Hitze unter Rühren 3–4 Min. braten. Die Kartoffeln untermischen, etwa 5 Min. weiterbraten, bis die Kartoffeln schön goldbraun und knusprig sind.

3. Die Schweinekoteletts im übrigen Öl in einer anderen Pfanne unter Wenden bei mittlerer Hitze etwa 10 Min. braten.

4. Kartoffeln und Paprika salzen und pfeffern. Die Fetawürfel darauf legen und nur heiß werden lassen. Mit Basilikum bestreuen und zu den Koteletts servieren.

Tipps

Wer lieber fleischlos isst, brät 1 kg gegarte Kartoffeln und serviert dazu Blattsalat oder Gurkensalat mit leichtem Joghurtdressing. Ebenfalls fein: kleine Hühnerbeine salzen, pfeffern und in Butter und Öl anbraten. Wenig Flüssigkeit angießen, zugedeckt schmoren lassen und zur Kartoffel-Paprika-Pfanne servieren.

🕐 Zubereitung: 25 Min. | Pro Portion ca.: 565 kcal

Für 4 Personen

800 g gekochte Pellkartoffeln (vom Vortag)
4 rote Zwiebeln
3 EL Butterschmalz
Salz
1 Prise gemahlener Kümmel
2 geräucherte Forellen- oder Saiblingsfilets (etwa 300 g)
1 Bund Dill
1/2 unbehandelte Zitrone
150 g saure Sahne
1 1/2 EL geriebener Meerrettich

Bratkartoffeln mit Räucherfisch

1. Die Kartoffeln pellen und in etwa 1/2 cm dicke Scheiben schneiden. Die Zwiebeln schälen, vierteln und in feine Streifen schneiden.

2. Das Butterschmalz in einer Pfanne erhitzen. Die Kartoffeln mit den Zwiebeln dazugeben, mit Salz und Kümmel würzen und unter gelegentlichem Wenden bei mittlerer Hitze 5–8 Min. braten, bis die Kartoffeln schön gebräunt sind.

3. Inzwischen die Fischfilets in Stücke zupfen. Den Dill waschen, die Spitzen abschneiden. Die Zitrone heiß abwaschen, die Schale dünn abschälen und fein hacken.

4. Den Fisch unter die Kartoffeln mischen und erwärmen. Saure Sahne und Meerrettich verrühren und mit Salz abschmecken. Die Kartoffeln mit Dill und Zitronenschale bestreuen, mit der Meerrettichsahne servieren.

🕐 Zubereitung: 20 Min. | Pro Portion ca.: 385 kcal

Speckpfannkuchen mit Salat

Für 4 Personen
400 g Mehl
Salz
4 Eier
1/2 l Milch
1/4 l kohlensäurehaltiges
Mineralwasser
1 kleiner Kopf- oder Eichblattsalat
1 Tomate
1 Bund Schnittlauch
100 g Joghurt
2 EL Zitronensaft
4 EL Öl
Pfeffer
24 dünne Scheiben Frühstücks-
speck (Bacon, etwa 200 g)

1. Das Mehl mit 1 kräftigen Prise Salz mischen. Die Eier, die Milch und das Mineralwasser nach und nach unterrühren.

2. Den Salat in die einzelnen Blätter teilen, waschen und trockenschütteln. In mundgerechte Stücke zupfen. Die Tomate waschen und klein würfeln. Den Schnittlauch waschen und trockenschütteln. In feine Röllchen schneiden und mit dem Joghurt, dem Zitronensaft und 1 EL Öl verrühren. Salzen und pfeffern.

3. Etwas vom übrigen Öl in einer Pfanne erhitzen. 2 Speckscheiben hineinlegen und kurz braten. Mit 1 Schöpfkelle Teig begießen, 1–2 Min. braten, dann wenden und nochmals 1–2 Min. braten. Auf diese Weise etwa 12 Pfannkuchen backen und im Backofen bei 70° warm stellen.

4. Wenn alle Speckpfannkuchen gebacken sind, den Salat und die Tomatenwürfel mit dem Dressing mischen und dazu servieren.

🕐 Zubereitung: 30 Min. | Pro Portion ca.: 760 kcal

Gröstl mit Fleisch und Pilzen

Für 4 Personen
200 g Champignons oder Egerlinge
700 g Pellkartoffeln
(vom Vortag)
400 g gekochtes oder gebratenes
Fleisch (Tellerfleisch oder
Schweinebraten)
2 große Zwiebeln
2 EL Butter
1 EL Öl
2 TL Kümmel nach Belieben
Salz, Pfeffer
1/2 Bund Petersilie

1. Die Pilze mit Küchenpapier abreiben, die Stielenden entfernen. Pilze in dickere Scheiben schneiden. Die Kartoffeln pellen und in etwa 1/2 cm dicke Scheiben schneiden. Das Fleisch in Streifen schneiden. Die Zwiebeln schälen, halbieren und ebenfalls in Streifen schneiden.

2. Butter und Öl in einer großen Pfanne erhitzen. Zwiebeln darin etwa 2 Min. braten. Fleisch und Pilze untermischen, etwa 2 Min. mitbraten. Die Kartoffeln dazugeben, mit Kümmel, Salz und Pfeffer würzen. Etwa 5 Min. weiterbraten, bis die Kartoffeln goldbraun sind.

3. Die Petersilie waschen und trockenschütteln, die Blättchen fein hacken. Unter das Gröstl mischen, abschmecken und servieren.

Beilagen: Kopf- oder Gurkensalat

Tipp

Wer mag, verrührt 3 Eier mit 50 ml Milch und gießt sie zum Schluss über das Gröstl. Nur kurz stocken lassen, gleich servieren.

🕐 Zubereitung: 25 Min. | Pro Portion ca.: 280 kcal

Für 4 Personen
700 g säuerliche Äpfel
70 g Zucker
1 Zimtstange
600 g mehlig kochende Kartoffeln
400 g Möhren
1 Ei
4 EL Mehl
Salz
frisch geriebene Muskatnuss
4 EL Butterschmalz

Kartoffel-Möhren-Puffer mit Apfelmus

1. Die Äpfel vierteln, schälen und vom Kerngehäuse befreien. In Schnitze schneiden und mit dem Zucker, 1/8 l Wasser und der Zimtstange in einem Topf ezugedeckt bei schwacher Hitze etwa 15 Min. garen.

2. Inzwischen die Kartoffeln und die Möhren schälen und in der Küchenmaschine fein raspeln (mit der Gemüsereibe geht es auch, dauert aber länger). Die Mischung abtropfen lassen und mit dem Ei und dem Mehl mischen. Mit Salz und etwas Muskat abschmecken.

3. Jeweils Butterschmalz in einer großen Pfanne erhitzen. Aus der Gemüsemasse kleine Puffer in die Pfanne setzen und bei mittlerer Hitze pro Seite 4–5 Min. braten.

4. Die Zimtstange entfernen, die Äpfel zerstampfen, eventuell noch leicht zuckern und zu den Puffern servieren.

🕐 Zubereitung: 30 Min. | Pro Portion ca.: 390 kcal

Für 4 Personen
1 Zwiebel
je 1 rote und grüne Paprikaschote
1 kg Kartoffelgnocchi (aus der Kühltheke)
2 EL Olivenöl
1/8 l Gemüsebrühe
150 g Sahne
Salz, Pfeffer
1 TL edelsüßes Paprikapulver
1/2 TL rosenscharfes Paprikapulver

Gnocchi mit Paprikasahne

1. Die Zwiebel schälen und fein würfeln. Die Paprikaschoten waschen, halbieren, putzen und ebenfalls klein schneiden.

2. Für die Gnocchi Wasser zum Kochen bringen. Für die Sauce das Öl erhitzen, Zwiebel- und Paprikawürfel darin 2–3 Min. anbraten. Brühe und Sahne angießen und bei schwacher Hitze offen etwa 5 Min. garen. Mit Salz, Pfeffer und den beiden Paprikasorten abschmecken.

3. Gleichzeitig das Wasser salzen und die Gnocchi darin nach Packungsangabe garen. Gnocchi abgießen und mit der Sauce servieren.

Beilage: frisch geriebener Parmesan

Tipps

Sie können die Gnocchi auch aus 750 g Kartoffelknödelteig aus dem Kühlregal selbst herstellen: Dafür einfach den Teig mit 250 g Mehl gut verkneten, salzen und pfeffern und erst zu dünnen Rollen, dann zu Gnocchi formen. In Salzwasser in 5–8 Min. gar ziehen lassen. Wer mag, schneidet 100 g gekochten Schinken in kleine Würfel und gibt sie mit der Brühe und der Sahne zur Sauce.

🕐 Zubereitung: 20 Min. | Pro Portion ca.: 355 kcal

Für 4 Personen
100 g Langkornreis
Salz
8 kleinere Paprikaschoten
1 große Zwiebel
2 EL Butter
1 Bund Petersilie
125 g Mozzarella
250 g gekochter Schinken
Pfeffer
1 Ei
1/4 l Gemüsebrühe
1 EL Tomatenmark
100 g Sahne

Paprikaschoten mit Reis-Schinken-Füllung

1. Den Reis in kochendem Salzwasser etwa 10 Min. vorgaren. Inzwischen die Paprikaschoten waschen, jeweils einen Deckel abschneiden und zur Seite legen. Die Paprikaschoten von Kernen und Häutchen befreien und innen salzen.

2. Die Zwiebel schälen und fein hacken, in knapp 1 EL Butter kurz anschwitzen. Petersilie waschen und trockenschütteln, die Blättchen fein hacken. Den Mozzarella abtropfen lassen und mit dem Schinken in feine Würfel schneiden.

3. Den Reis abtropfen lassen und mit Zwiebel, Petersilie, Mozzarella und Schinken mischen. Salzen und pfeffern, das Ei untermischen. Die Paprikaschoten damit füllen.

4. Die übrige Butter in einem weiten Topf erhitzen, die Schoten nebeneinander hineinsetzen und kurz anbraten. Mit der Brühe ablöschen, die Paprikadeckel aufsetzen. Zugedeckt bei schwacher Hitze etwa 40 Min. schmoren lassen. Tomatenmark und Sahne unter die Sauce rühren, mit Salz und Pfeffer abschmecken.

Zubereitung: 25 Min.

Schmorzeit: 40 Min.

Pro Portion ca.: 475 kcal

Für 4 Personen
70 g Butter
5 Eier
1/2 l Milch
400 g Mehl
Salz
1 Zwiebel
2 Knoblauchzehen
1 rote Paprikaschote
1 Zucchino
1 Packung gehackter TK-Spinat (450 g)
2 Tomaten
Pfeffer

Kuchenmichel mit buntem Spinatgemüse

1. Den Backofen auf 180° vorheizen. Eine große feuerfeste Form leicht buttern. 50 g Butter zerlassen.

2. Eier und Milch nach und nach unter das Mehl mischen, den Teig kräftig salzen. Flüssige Butter unterrühren. Den Teig in die Form füllen und im Ofen (Mitte, Umluft 160°) etwa 35 Min. backen, bis er gebräunt und aufgegangen ist.

3. Nach 15 Min. Zwiebel und Knoblauch schälen und fein würfeln. Paprikaschote waschen, vierteln, putzen und in Streifen schneiden. Zucchino waschen und würfeln.

4. Die restliche Butter zerlassen, Zwiebel und Knoblauch darin andünsten. Zucchino und Paprika kurz mitgaren, dann den Spinat dazugeben. Zugedeckt bei schwacher Hitze etwa 10 Min. schmoren lassen. Tomaten waschen und klein würfeln. Untermischen, salzen und pfeffern. Den Kuchenmichel mit dem Spinatgemüse servieren.

Zubereitung: 25 Min.

Backzeit: 35 Min.

Pro Portion ca.: 675 kcal

Für 4 Personen
1 Zwiebel
2 Knoblauchzehen
2 EL Butter
4 TL Currypulver
300 g Langkornreis
600 ml Gemüse- oder
Hühnerbrühe
150 g TK-Erbsen
400 g Hähnchenbrustfilets
Salz, Pfeffer
2 EL Öl
4 EL saure Sahne oder Joghurt

Curryreis mit Huhn und Erbsen

1. Die Zwiebel und den Knoblauch schälen und fein hacken. Die Butter in einem Topf zerlassen, Zwiebel und Knoblauch darin andünsten. Mit 3 TL Curry bestäuben und kurz anschwitzen. Den Reis dazugeben und gut unterrühren.

2. Die Brühe angießen und zum Kochen bringen. Den Reis zugedeckt etwa 12 Min. bei schwacher Hitze garen. Die Erbsen untermischen und 5 Min. weitergaren, bis Reis und Erbsen bissfest sind.

3. Inzwischen das Hähnchenfleisch in dünne Streifen schneiden, mit Salz, Pfeffer und dem übrigen Currypulver würzen. Das Öl erhitzen und die Hähnchenstreifen darin unter Rühren 3–4 Min. braten.

4. Die Hähnchenstreifen mit saurer Sahne oder Joghurt unter den Reis mischen, mit Salz und Pfeffer abschmecken und servieren.

Beilage: Gurkensalat mit Dill

🕐 Zubereitung: 30 Min. | Pro Portion ca.: 530 kcal

Für 4 Personen
1 Zwiebel
1 gelbe Paprikaschote
2 junge Zucchini
2 EL Olivenöl
2 EL Mandelstifte
300 g Langkornreis
2 EL Rosinen
600 ml Gemüsebrühe
Salz, Pfeffer
4 feste Bananen
2 EL Butter
1/2 TL gemahlene Kurkuma

Rosinenreis mit Zucchini und Paprika

1. Die Zwiebel schälen und fein hacken. Die Paprikaschote und die Zucchini waschen, putzen und in kleine Würfel schneiden.

2. Das Olivenöl erhitzen, die Mandelstifte mit der Zwiebel darin anbraten. Paprika- und Zucchiniwürfel kurz mitbraten, dann den Reis untermischen. Rosinen und Brühe dazugeben, mit Salz und Pfeffer würzen und alles zugedeckt bei schwacher Hitze in 15–20 Min. ausquellen lassen, bis der Reis körnig ist.

3. Die Bananen schälen und der Länge nach halbieren. Die Butter in einer Pfanne bei mittlerer Hitze schmelzen lassen. Kurkuma einrühren und die Bananenhälften darin pro Seite 1–2 Min. braten. Den Reis mit den Bananen servieren.

🕐 Zubereitung: 30 Min. | Pro Portion ca.: 505 kcal

Gemüserisotto mit Schinken

Für 4 Personen
150 g roh geräucherter Schinken
1 Zwiebel
2 Knoblauchzehen
4 EL Butter
400 g Risottoreis
2 Päckchen TK-Suppengrün
(je 50 g)
1 1/4 l Gemüsebrühe
1/2 Bund Basilikum
50 g frisch geriebener Parmesan
Salz, Pfeffer

1. Den Schinken in kleine Würfel schneiden. Die Zwiebel und den Knoblauch schälen und fein hacken.

2. In einem Topf die Hälfte der Butter zerlassen. Zwiebel und Knoblauch darin andünsten, den Reis untermischen und anbraten, bis die Körner vom Fett überzogen sind. Das Suppengrün und die Schinkenwürfel dazugeben. 2 Schöpfkellen Brühe dazugießen und unter Rühren verdampfen lassen.

3. Den Reis bei mittlerer Hitze unter Rühren etwa 20 Min. garen. Dabei immer wieder Brühe angießen und häufig durchrühren.

4. Das Basilikum waschen und trockenschütteln, die Blättchen abzupfen und in Streifen schneiden. Mit dem Parmesan und der übrigen Butter unter den Reis mischen, mit Salz und Pfeffer abschmecken und sofort servieren.

🕐 Zubereitung: 30 Min. | Pro Portion ca.: 690 kcal

Gebratener Reis mit Gemüse und Ei

Für 4 Personen
Je 1 rote, grüne und gelbe
Paprikaschote
1 dicke Möhre
1 Stück Salatgurke (etwa 200 g)
150 g Sojabohnensprossen
2 Zwiebeln
2 Knoblauchzehen
6 EL Öl
600 g gekochter Langkornreis
vom Vortag (ungekocht 200 g)
4 EL Sojasauce
Salz
etwas Sambal oelek nach Belieben
3 Eier

1. Alle Gemüsesorten waschen oder schälen und putzen. Die Paprikaschoten vierteln und in feine Streifen schneiden. Die Möhren in Scheiben, dann in Stifte, die Gurke in dünne Scheiben schneiden. Die Sprossen nur waschen und abtropfen lassen. Zwiebeln und Knoblauch schälen. Die Zwiebeln halbieren und in feine Streifen, den Knoblauch in dünne Scheiben schneiden.

2. Die Hälfte des Öls in einer großen Pfanne erhitzen. Den Reis darin verteilen und ohne Rühren etwa 2 Min. braten, dann wenden und noch kurz weiterbraten. Den Reis aus der Pfanne nehmen.

3. Das übrige Öl erhitzen, Zwiebeln, Knoblauch und Möhrenstifte darin etwa 2 Min. braten. Übriges Gemüse und Sprossen dazugeben und 2–3 Min. mitbraten, dabei ständig rühren. Das Gemüse mit Sojasauce, Salz und eventuell etwas Sambal oelek abschmecken.

4. Den Reis untermischen und erwärmen. Die Eier leicht verquirlen, über den Reis gießen und unter Rühren nur kurz stocken, aber nicht trocken werden lassen. Rasch servieren.

Beilagen: Sojasauce und Sambal oelek zum Nachwürzen

🕐 Zubereitung: 30 Min. | Pro Portion ca.: 430 kcal

Fleisch & Fisch

Einfach gut

Ein Kotelett oder Fischfilet braten, Fleischpflanzerl zubereiten? Das haben wir alle schon mal gemacht. Aber erst mit der passenden Beilage werden Fleisch und Fisch ein echter Genuss. Deshalb finden Sie hier zur Abrundung immer auch die perfekte Sauce oder das passende feine Gemüse. Ein paar »Ausreißer« wie Hackbraten oder Gulasch sind auch dabei. Die schnell vorbereitet sind, aber eine längere Back- oder Schmorzeit brauchen. Die Sie gut anderweitig, zum Beispiel zum Entspannen nutzen können.

Schinken-schnitzelchen

Für 4 Personen
**4 sehr dünne Schweineschnitzel (es können auch
Kalbsschnitzel oder Rinderfiletscheiben sein,
aber die sind natürlich teurer)
4 Scheiben gekochter Schinken
8 Salbeiblättchen nach Belieben
500 g Tomaten
Salz, Pfeffer
2 EL Öl oder Butterschmalz
1/8 l Gemüsebrühe
8 Holzzahnstocher**

1. Die Schnitzel flach drücken und jeweils halbieren.
Die Schinkenscheiben ebenfalls halbieren, je 1 Hälfte mit 1 Salbeiblatt auf ein Schnitzel legen und mit Zahnstochern feststecken. Tomaten waschen und klein würfeln.

2. Die Schnitzelchen leicht salzen und pfeffern und im
heißen Fett pro Seite 1 Min. braten. Herausnehmen, Tomaten in die Pfanne geben und 5 Min. garen. Mit der Brühe aufgießen, salzen, pfeffern und die Schnitzel wieder einlegen. Kurz ziehen lassen und servieren.

Beilagen: Nudeln oder Reis

| ⏱ Zubereitung: 20 Min. | Pro Portion ca.: 315 kcal |

Geschnetzeltes mit Currysahne

Für 4 Personen
**600 g Schweineschnitzel
1 dicke Möhre, 1 Zucchino
1 Zwiebel
1 EL Öl, 1 EL Butter
4 TL Currypulver
1/8 l Fleisch- oder Gemüsebrühe
125 g Sahne
Salz, Pfeffer**

1. Das Fleisch in feine Streifen schneiden. Die Möhre
schälen, den Zucchino waschen. Beides erst in Scheiben, dann in feine Stifte schneiden. Die Zwiebel schälen, vierteln und in feine Streifen schneiden.

2. Öl und Butter in einer Pfanne erhitzen. Das Fleisch
darin kräftig anbraten und wieder herausnehmen. Gemüse und Zwiebel im Bratfett 2–3 Min. braten, Currypulver darüber stäuben und kurz anschwitzen. Brühe und Sahne aufgießen, aufkochen lassen. Das Fleisch wieder untermischen und gut erhitzen. Salzen und pfeffern.

Beilagen: Reis oder Kartoffelpüree

| ⏱ Zubereitung: 20 Min. | Pro Portion ca.: 320 kcal |

Lachs mit Kräuterbutter

Für 4 Personen
1/2 unbehandelte Zitrone
je 1/2 Bund Dill und Petersilie
ein paar Zweige Basilikum
80 g weiche Butter
1 TL scharfer Senf
Salz, Pfeffer
4 Lachsfiletstücke ohne Haut (je 180 g)

1. Den Backofen auf 250° (Umluft 220°) vorheizen. Die Zitronenhälfte heiß waschen und abtrocknen, die Schale dünn abreiben. Die Kräuter waschen und trockenschütteln, die Blättchen fein hacken. Butter mit Zitronenschale, Senf, Salz und Pfeffer verkneten, die Kräuter untermischen.

2. Lachsfilets waschen und mit Küchenpapier abtrocknen. Leicht salzen und pfeffern und nebeneinander in eine feuerfeste Form geben. Die Kräuterbutter in Stücke schneiden und auf dem Lachs verteilen. In den heißen Ofen schieben und etwa 5 Min. backen.

Beilagen: Salat und gebratene Kartoffeln

| ⏱ Zubereitung: 20 Min. | Pro Portion ca.: 525 kcal |

Fischfilets mit Senfsahne

Für 4 Personen
700 g Seelachs- oder Rotbarschfilet
Salz, Pfeffer
1 EL Zitronensaft
1/4 l Fischfond
3 EL Weißweinessig
4 EL Butter, 2 EL Öl
2 EL mittelscharfer Senf
200 g Sahne

1. Die Fischfilets waschen und abtrocknen. Salzen, pfeffern und mit dem Zitronensaft beträufeln.

2. Fischfond, 1/8 l Wasser und Essig in einem weiten Topf zum Kochen bringen, salzen und pfeffern. Die Hitze klein stellen, die Fischfilets einlegen und im Sud in etwa 6 Min. gar ziehen lassen.

3. Die Butter mit Öl, Senf und Sahne erhitzen. Mit dem Schneebesen gut durchschlagen, salzen und pfeffern. Fischfilets aus dem Sud heben, abtropfen lassen und und mit der Sauce servieren.

Beilagen: Salzkartoffeln und Blattspinat (TK)

| ⏱ Zubereitung: 15 Min. | Pro Portion ca.: 440 kcal |

Für 4 Personen
1 Aubergine
2 Zucchini
je 1 rote und gelbe Paprikaschote
1 Zwiebel
2 Knoblauchzehen
4 EL Olivenöl
1 kleine Dose geschälte Tomaten
(400 g)
Salz, Pfeffer
1 Prise Zucker
1 TL getrockneter Thymian
600 g Minutensteaks vom Schwein
oder Rind

Minutensteaks mit Ratatouille

1. Gemüse waschen, putzen und klein würfeln oder raspeln. Das geht besonders schnell mit dem Blitzhacker oder einer Gemüseraspel. Zwiebel und Knoblauch schälen und fein hacken.

2. Im Topf 2 EL Olivenöl erhitzen, Zwiebel und Knoblauch kurz darin anbraten. Das Gemüse dazugeben und unter Rühren 2–3 Min. braten. Die Tomaten in der Dose klein schneiden und untermischen. Das Gemüse mit Salz, Pfeffer, Zucker und

dem zerrebelten Thymian würzen und zugedeckt bei mittlerer Hitze etwa 15 Min. schmoren lassen.

3. Das Fleisch trockentupfen und mit Salz und Pfeffer würzen. In einer Pfanne im übrigen Öl pro Seite bei starker Hitze etwa 1 Min. braten. Das Gemüse abschmecken und mit dem Fleisch servieren.

Beilage: Baguette

| ⏲ Zubereitung: 30 Min. | Pro Portion ca.: 320 kcal |

Für 4 Personen
1 große Salatgurke (etwa 600 g)
2 Tomaten (etwa 200 g)
1 Zwiebel
2 EL Butter
Salz, Pfeffer
1 Bund Dill
4 dünne Schweineschnitzel
(je etwa 150 g)
4 TL mittelscharfer Senf
1 EL Öl

Senfschnitzel mit Gurkengemüse

1. Die Gurke schälen, längs halbieren und die Kerne mit einem Teelöffel herauskratzen. Die Gurkenhälften quer in etwa 1/2 cm dicke Scheiben schneiden. Die Tomaten waschen und sehr klein würfeln. Die Zwiebel schälen und hacken.

2. In einem Topf 1 EL Butter zerlassen. Die Zwiebel darin andünsten. Die Gurkenscheiben kurz mitdünsten. Die Tomaten untermischen, mit Salz und Pfeffer würzen und zugedeckt bei schwacher Hitze etwa 10 Min. schmoren lassen.

3. Inzwischen den Dill waschen, trockenschütteln und fein hacken. Die Schnitzel salzen, pfeffern und dünn mit Senf bestreichen.

4. Das Öl mit der übrigen Butter in einer Pfanne erhitzen. Die Schnitzel darin bei mittlerer Hitze etwa 5 Min. braten, dabei einmal wenden. Den Dill unter das Gurkengemüse mischen, abschmecken und mit den Schnitzeln servieren.

Beilagen: Salz- oder Bratkartoffeln

| ⏲ Zubereitung: 30 Min. | Pro Portion ca.: 250 kcal |

Für 4 Personen
2 Zwiebeln
2 Knoblauchzehen
2 Möhren
1 grüne Paprikaschote
2 EL Öl
500 g gemischtes Hackfleisch
1 kleine Dose geschälte Tomaten
(400 g)
1/2 l Fleisch- oder Gemüsebrühe
Salz, Pfeffer
Tabascosauce
1 Dose Gemüsemais
(285 g Abtropfgewicht)

Chili con carne mit Mais

1. Die Zwiebeln, den Knoblauch und die Möhren schälen und fein würfeln. Die Paprikaschote waschen, halbieren, putzen und etwas größer würfeln.

2. Das Öl im Topf erhitzen. Das Hackfleisch darin unter Rühren braten, bis es schön krümelig ist. Zwiebeln, Knoblauch und Möhren kurz mitbraten. Tomaten in der Dose kleiner schneiden und mit der Brühe untermischen.

3. Paprikawürfel dazugeben. Das Chili mit Salz, Pfeffer und Tabasco abschmecken und zugedeckt bei schwacher Hitze etwa 40 Min.

schmoren lassen. Dabei immer mal wieder durchrühren und bei Bedarf noch etwas Brühe oder Wasser angießen. Zum Schluss den Mais abtropfen lassen, untermischen und nur erwärmen.

Beilagen: Weißbrot und Tabascosauce zum Nachwürzen

🕐 Zubereitung: 15 Min.

🕐 Schmorzeit: 40 Min. | Pro Portion ca.: 675 kcal

Für 4 Personen
600 g vorwiegend fest kochende
Kartoffeln
400 g Möhren
1 Zwiebel
2 EL Butter
1/4 l Gemüsebrühe
Salz, Pfeffer
1 EL Öl
600 g rohe Bratwürste
1 kleines Bund Petersilie
frisch geriebene Muskatnuss

Bratwürste mit Möhren-Kartoffel-Gemüse

1. Die Kartoffeln schälen, waschen und in etwa 2 cm große Würfel schneiden. Die Möhren schälen, putzen und in knapp 1 cm dicke Scheiben schneiden. Die Zwiebel schälen, vierteln und in feine Streifen schneiden.

2. In einem Topf die Hälfte der Butter erhitzen, die Zwiebel darin anbraten. Kartoffeln und Möhren kurz mitbraten. Mit der Brühe aufgießen, salzen, pfeffern und zugedeckt bei schwacher Hitze in etwa 15 Min. bissfest garen.

3. Nach der Hälfte der Zeit das Öl in einer Pfanne erhitzen, die Bratwürste darin etwa 8 Min. braten, bis sie schön gebräunt sind. Dabei immer mal wieder umdrehen.

4. Die Petersilie waschen und trockenschütteln. Die Blättchen fein hacken, mit der übrigen Butter unter das Gemüse mischen. Mit Salz, Pfeffer und Muskat abschmecken und zu den Bratwürsten servieren.

Beilage: mittelscharfer Senf

🕐 Zubereitung: 25 Min. | Pro Portion ca.: 610 kcal

Für 4 Personen
1 altbackenes Brötchen (vom Vortag)
2 Stangen Lauch
1 Bund Petersilie
500 g gemischtes Hackfleisch
2 Eier
Salz, Pfeffer
1 TL edelsüßes Paprikapulver
2 TL scharfer Senf
600 g mehlig kochende Kartoffeln
300 g TK-Brokkoli
2 EL Butterschmalz
200 ml Milch

Fleisch-Lauch-Pflanzerl mit grünem Püree

1. Das Brötchen 10 Min. in lauwarmem Wasser einweichen. Inzwischen den Lauch putzen, längs aufschneiden, gründlich waschen und sehr fein hacken. Die Petersilie waschen und ebenfalls fein hacken.

2. Das Brötchen ausdrücken. Mit dem Hackfleisch, den Eiern, Salz, Pfeffer, Paprika, Senf, Lauch und Petersilie kräftig verkneten. Aus der Masse 8 Pflanzerl formen.

3. Die Kartoffeln schälen und klein würfeln. Mit dem Brokkoli in einen Topf geben, Wasser und Salz hinzufügen. Zugedeckt bei mittlerer Hitze in etwa 15 Min. weich garen.

4. Das Butterschmalz in einer Pfanne erhitzen. Die Pflanzerl darin bei mittlerer Hitze pro Seite etwa 5 Min. braten.

5. Die Milch erhitzen. Das Wasser aus dem Topf abgießen, Kartoffeln und Brokkoli mit dem Kartoffelstampfer zerdrücken. Die Milch angießen, das Püree salzen, pfeffern und zu den Pflanzerln servieren.

Beilage: scharfer Senf

| ⏱ Zubereitung: 30 Min. | Pro Portion ca.: 605 kcal |

Für 4 Personen
4 Knoblauchzehen
500 g gemischtes Hackfleisch (möglichst fein durchgedreht)
Salz, Pfeffer
1 Stück Kürbis (etwa 1 kg)
1 Zwiebel
3 EL Öl
1/8 l Gemüsebrühe
1 TL edelsüßes Paprikapulver
1 EL Essig
1 TL Zucker
1 Bund Dill

Cevapcici mit Kürbisgemüse

1. Die Knoblauchzehen schälen und durch die Presse drücken. Mit dem Hackfleisch, Salz, Pfeffer und 1 EL Wasser kräftig verkneten, bis der Hackteig gut bindet. Aus dieser Masse etwa 5 cm lange, gut fingerdicke Würstchen formen.

2. Den Kürbis schälen, Kerne und Fäden entfernen, das Fruchtfleisch in 5 cm lange und knapp 1 cm dicke Stifte schneiden. Die Zwiebel schälen und würfeln.

3. In einem Topf die Hälfte des Öls erhitzen. Kürbis mit Zwiebel darin anbraten. Mit der Brühe ablöschen, mit Salz, Pfeffer und Paprika würzen und zugedeckt bei schwacher Hitze etwa 10 Min. schmoren.

4. Das restliche Öl in einer Pfanne erhitzen. Cevapcici darin bei mittlerer Hitze etwa 8 Min. braten, dabei häufig wenden. Kürbisgemüse mit Essig und Zucker abschmecken. Den Dill waschen, trockenschütteln und fein hacken. Das Kürbisgemüse damit bestreuen und mit den Cevapcici servieren.

Beilagen: Salz- oder Bratkartoffeln

| ⏱ Zubereitung: 30 Min. | Pro Portion ca.: 465 kcal |

Nackensteaks mit Erbsenpüree

1. Die Nackensteaks trockentupfen, mit dem Senf bestreichen und mit Salz und Pfeffer würzen.

2. Die Zwiebel schälen und fein hacken. In 1 EL Butter andünsten. Die Erbsen mit der Brühe dazugeben und zugedeckt bei schwacher Hitze etwa 10 Min. dünsten.

3. Das Öl mit der übrigen Butter in einer Pfanne erhitzen. Die Nackensteaks darin kräftig anbraten, dann bei mittlerer Hitze pro Seite etwa 5 Min. braten.

4. Die Erbsen fein pürieren, mit der Crème fraîche mischen und mit Salz, Pfeffer und Muskat abschmecken. Die Gartenkresse vom Beet schneiden und untermischen. Das Püree zu den Steaks servieren.

Beilagen: Brat- oder Pellkartoffeln und grüner Salat

Für 4 Personen
4 durchwachsene Nackensteaks vom Schwein (je etwa 180 g)
1 EL mittelscharfer Senf
Salz, Pfeffer
1 Zwiebel
2 EL Butter
450 g TK-Erbsen
1/8 l Gemüsebrühe
1 EL Öl
2 EL Crème fraîche
frisch geriebene Muskatnuss
1 Kästchen Gartenkresse

Zubereitung: 25 Min. | Pro Portion ca.: 625 kcal

Saure Zipfel

1. Den Essig mit der Brühe, Lorbeer, Nelken, Wacholderbeeren und Pfefferkörnern in einem Topf erhitzen. Die Zwiebeln und die Möhren schälen und in Scheiben schneiden.

2. Zwiebeln und Möhren im Sud etwa 10 Min. köcheln lassen, den Sud mit Salz abschmecken.

3. Die Bratwürstchen auseinander lösen und in den Sud geben. Er darf jetzt nicht mehr kochen, sonst platzt die Wursthaut. Die Würstchen in etwa 10 Min. gar ziehen lassen.

4. Die sauren Zipfel mit Zwiebeln und Möhren herausheben und auf Teller verteilen. Mit etwas Sud beschöpfen und servieren.

Beilagen: Salzkartoffeln oder Kümmelstangen, geriebener Meerrettich und Senf

Für 4 Personen
1/4 l Apfelessig
1/4 l Fleisch- oder Gemüsebrühe
2 Lorbeerblätter
je 1 TL Gewürznelken und Wacholderbeeren
1 EL Pfefferkörner
2 Zwiebeln
2 Möhren
Salz
700 g kleine rohe Bratwürstchen (Nürnberger)

Tipp

Das Gemüse wird im Sud sehr säuerlich, deshalb eventuell noch mit etwas Zucker abschmecken.

Zubereitung: 25 Min. | Pro Portion ca.: 560 kcal

Für 4 Personen
1 Brathuhn (etwa 1,2 kg)
Salz, Pfeffer
1 Stange Lauch
4 Möhren
4 Petersilienwurzeln
250 g Rosenkohl
100 g durchwachsener Speck
2 EL Butter
2 EL Öl
2 TL Kümmel nach Belieben
1/4 l helles Bier, Cidre oder
Hühnerbrühe
1/2 Bund Petersilie

Huhn mit Wintergemüse

1. Das Huhn waschen und mit Küchenpapier abtrocknen. In 8 Stücke teilen und mit Salz und Pfeffer einreiben.

2. Das Gemüse waschen oder schälen und putzen. Den Lauch in etwa 2 cm dicke Ringe schneiden, die Möhren und die Petersilienwurzeln in etwa 4 cm lange Stücke teilen, den Rosenkohl ganz lassen.

3. Den Speck in kleine Würfel schneiden. Butter und Öl in einem Schmortopf erhitzen, die Hühnerteile darin rundherum gut anbraten und wieder herausnehmen. Das Gemüse mit dem Speck im Bratfett anbraten, mit Kümmel nach Belieben, Salz und Pfeffer würzen und mit der Flüssigkeit aufgießen.

4. Die Hühnerteile wieder dazugeben und zugedeckt bei schwacher Hitze etwa 45 Min. schmoren. Die Petersilie waschen und trockenschütteln, die Blättchen hacken und vor dem Servieren über das Huhn streuen.

Beilagen: Kartoffeln oder Brot

🕐 Zubereitung: 25 Min.

🕐 Schmorzeit: 45 Min. | Pro Portion ca.: 700 kcal

Für 4 Personen
4 große Hähnchenkeulen
(je etwa 250 g)
4 Knoblauchzehen
2 EL Zitronensaft
2 EL Honig
Salz, Pfeffer
Chilipulver nach Belieben
2 EL Olivenöl
2 rote Zwiebeln
1 Dose Ananasscheiben
(490 g Abtropfgewicht)
1 TL getrockneter Thymian

Hähnchenkeulen mit Honigglasur

1. Die Hähnchenkeulen waschen und mit Küchenpapier abtrocknen. Den Knoblauch schälen und durchpressen, mit Zitronensaft, Honig, Salz, Pfeffer und Chilipulver nach Belieben verrühren. Das Öl untermischen. Die Hähnchenkeulen damit einstreichen.

2. Den Backofen auf 200° vorheizen. Die Zwiebeln schälen, halbieren und in Streifen schneiden. Die Ananasscheiben abtropfen lassen. Ananas mit Zwiebelstreifen mischen und eine feuerfeste Form, in der die Keulen nebeneinander Platz haben, damit auslegen. Mit Salz, Pfeffer und dem zerrebelten Thymian würzen.

3. Die Hähnchenkeulen auf die Ananasscheiben legen und im heißen Ofen (Mitte, Umluft 180°) etwa 40 Min. backen, bis sie schön gebräunt sind. Mit einem Stäbchen in die dickste Stelle stechen. Tritt klarer Saft aus, ist das Fleisch durchgegart, ist er rötlich, noch etwas weiterbraten.

Beilagen: Reis oder Fladenbrot und eventuell Salat

🕐 Zubereitung: 15 Min.

🕐 Backzeit: 40 Min. | Pro Portion ca.: 630 kcal

Fleisch im Teig mit Tomatengemüse

Für 4 Personen
125 g Mehl
2 Eier
150 ml Milch
Salz, Pfeffer
700 g reife Tomaten
1 große Zwiebel
4 EL Butterschmalz
8 Scheiben Tellerfleisch oder kalter Schweinebraten (je etwa 1 cm dick)
einige Basilikumblättchen

1. Für den Teig Mehl mit Eiern, Milch, Salz und Pfeffer gründlich verrühren und kurz stehen lassen.

2. Die Tomaten waschen, halbieren und in Scheiben schneiden. Die Zwiebel schälen, vierteln und in feine Streifen schneiden.

3. Die Hälfte des Butterschmalzes in einer großen Pfanne erhitzen. Die Fleischscheiben kurz durch den Teig ziehen und in die Pfanne legen. Bei mittlerer Hitze pro Seite 3–4 Min. goldbraun braten.

4. Gleichzeitig das übrige Schmalz erhitzen, Zwiebelstreifen darin 2 Min. braten. Tomaten dazugeben und bei starker Hitze ebenfalls kurz braten. Mit Salz und Pfeffer würzen und mit den Basilikumblättchen bestreuen. Tomatengemüse zu den Fleischscheiben servieren.

🕐 Zubereitung: 20 Min. | Pro Portion ca.: 485 kcal

Tellerfleisch mit Kohlrabigemüse

Für 4 Personen
1 Bund Suppengrün
1 Zwiebel
1 Hand voll Kräuter nach Belieben
1 Stück Rindfleisch zum Kochen (z. B. Schulter, etwa 1,6 kg – höchstens die Hälfte zum Gleichessen, der Rest wird für andere Gerichte verwendet)
1 TL Pfefferkörner
2 Wacholderbeeren
2 Lorbeerblätter
Salz
3 Kohlrabi (etwa 800 g)
1 Bund Frühlingszwiebeln
Pfeffer
2 TL Meerrettich (frisch gerieben oder aus dem Glas)
1/2 EL Butter

1. In einem Topf etwa 2 1/2 l Wasser zum Kochen bringen. Das Suppengrün waschen, putzen und grob würfeln. Zwiebel schälen und halbieren, Kräuter waschen.

2. Fleisch einlegen. Suppengemüse, Kräuter und Zwiebel mit Pfeffer, Wacholder und Lorbeer dazugeben. Salzen und das Fleisch bei schwacher Hitze in etwa 3 Std. gar ziehen lassen.

3. Kurz vor Ende der Garzeit die Kohlrabi schälen, zartes Grün abschneiden, waschen und beiseite legen. Kohlrabi vierteln und in dünne Scheiben schneiden. Frühlingszwiebeln waschen, putzen und mit dem Grün in feine Ringe schneiden.

4. Kohlrabi mit Zwiebelringen, Kohlrabigrün, Salz, Pfeffer und 80 ml Wasser zugedeckt bei mittlerer Hitze in etwa 12 Min. bissfest kochen. Meerrettich und Butter untermischen, das Gemüse abschmecken.

5. Vom Fleisch pro Person etwa 2 Scheiben abschneiden und mit etwas Brühe auf Tellern anrichten. Das Kohlrabigemüse dazu servieren.

Beilage: Bratkartoffeln

🕐 Zubereitung: 30 Min.
🕐 Garzeit: 3 Std. | Pro Portion ca.: 290 kcal

Für 4 Personen
**600 g Rindfleisch zum Schmoren
(z. B. Wade)
1 große Zwiebel
200 g Möhren
200 g Knollensellerie
2 Stangen Lauch
1 große Tomate
2 EL Butterschmalz
1 EL edelsüßes Paprikapulver
1 TL Kümmel nach Belieben
1/4 l Malzbier
Salz, Pfeffer
1 EL Essig (Weißweinessig oder
Aceto balsamico)**

Rinderragout mit Gemüse und Malzbier

1. Das Fleisch in etwa 2 cm große Stücke schneiden. Die Zwiebel schälen und fein würfeln. Die Möhren und den Sellerie schälen und etwa 1 cm groß würfeln. Den Lauch waschen, putzen und in 1 cm dicke Ringe schneiden. Die Tomate waschen und sehr klein würfeln.

2. Das Butterschmalz in einem Topf erhitzen und das Fleisch darin in zwei Portionen kräftig anbraten und wieder herausnehmen. Zwiebel, Möhren, Sellerie und Lauch im Bratfett andünsten. Paprika darüber stäuben und kurz anschwitzen.

3. Nach Belieben Kümmel hinzufügen und alles mit dem Malzbier ablöschen. Die Tomate untermischen, salzen und pfeffern. Zugedeckt bei schwacher Hitze etwa 1 Std. schmoren lassen, dabei eventuell noch etwas Wasser angießen. Das Ragout mit dem Essig und eventuell noch Salz und Pfeffer abschmecken.

Beilagen: Kartoffeln oder Reis

⏱ Zubereitung: 20 Min.	
⏱ Schmorzeit: 1 Std.	Pro Portion ca.: 330 kcal

Für 4 Personen
**4 junge Möhren
4 Essiggurken
1 Zwiebel
4 große Scheiben Rinderrouladen
(je etwa 180 g)
4 TL scharfer Senf
8 dünne Scheiben durchwachsener
Räucherspeck
2 EL Öl
Salz, Pfeffer
3/8 l Fleischbrühe
2 TL Tomatenmark
Rouladennadeln**

Rinderrouladen mit Möhrenfüllung

1. Die Möhren schälen, putzen und der Länge nach vierteln. Die Gurken abtropfen lassen und klein würfeln. Die Zwiebel schälen und fein hacken, mit den Gurken mischen.

2. Das Fleisch mit dem Handballen etwas flacher drücken. Mit dem Senf bestreichen und mit je 2 Speckscheiben belegen. Möhren und Zwiebelmischung darauf verteilen, die Ränder nach innen klappen und die Fleischscheiben aufrollen. Mit Rouladennadeln zusammenstecken.

3. Das Öl in einem Topf erhitzen. Die Rouladen salzen und pfeffern, rundherum im Öl anbraten. Mit der Brühe aufgießen, zugedeckt bei schwacher Hitze etwa 1 Std. 30 Min. schmoren. Die Sauce mit dem Tomatenmark, Salz und Pfeffer abschmecken, mit den Rouladen servieren.

Beilagen: Nudeln, Kartoffelpüree oder Reis

⏱ Zubereitung: 20 Min.	
⏱ Schmorzeit: 1 Std. 30 Min.	Pro Portion ca.: 610 kcal

Für 4 Personen
400 g Zwiebeln
300 g Rindergulasch
300 g Schweinegulasch
2 EL Butterschmalz
je 1 TL edelsüßes und rosenscharfes
Paprikapulver
Salz, Pfeffer
1/4 l trockener Weißwein oder
Fleischbrühe
2 Tomaten
je 1 grüne und rote Paprikaschote
1/2 Bund Petersilie
150 g saure Sahne

Gulasch

1. Die Zwiebeln schälen und grob würfeln. Das Fleisch mit Küchenpapier trockentupfen.

2. Das Butterschmalz in einem Topf erhitzen, das Fleisch darin in zwei Portionen kräftig anbraten und wieder herausnehmen. Die Zwiebeln im Bratfett etwa 5 Min. leicht bräunen. Paprika darüber stäuben, kurz anschwitzen. Das Fleisch wieder dazugeben, salzen, pfeffern und mit dem Wein aufgießen. Zugedeckt bei schwacher Hitze etwa 30 Min. schmoren.

3. Die Tomaten waschen und in kleine Würfel schneiden. Die Paprikaschoten waschen, halbieren, putzen und ebenfalls klein würfeln. Zum Fleisch geben und alles weitere 30 Min. schmoren.

4. Die Petersilie waschen und trockenschütteln, die Blättchen fein hacken. Das Gulasch abschmecken und mit der Petersilie bestreuen. Saure Sahne getrennt dazu servieren.

Beilagen: Salzkartoffeln oder Spätzle

⏱ Zubereitung: 30 Min.	
⏱ Schmorzeit: 1 Std.	Pro Portion ca.: 330 kcal

Für 4 Personen
1 altbackenes Brötchen (vom
Vortag) oder 2 altbackene Brezen
2 Zwiebeln
1 Möhre
1 Bund Petersilie
1 EL Butter
500 g gemischtes Hackfleisch
2 Eier
1 TL Tomatenmark
1 TL getrockneter Majoran
Salz, Pfeffer
frisch geriebene Muskatnuss
4 Tomaten
1/4 l Fleischbrühe

Hackbraten

1. Das Brötchen in lauwarmem Wasser einweichen. Die Zwiebeln und die Möhre schälen, beides fein würfeln. Die Petersilie waschen und trockenschütteln, die Blättchen sehr fein hacken.

2. Den Backofen auf 200° vorheizen. Eine feuerfeste Form mit der Hälfte der Butter ausstreichen. Die übrige Butter zerlassen, Zwiebeln, Möhre und Petersilie darin einige Minuten andünsten.

3. Das Brötchen ausdrücken, mit dem Hackfleisch, der Zwiebelmischung und den Eiern gut verkneten und mit Tomatenmark, zerrebeltem Majoran, Salz, Pfeffer und Muskat abschmecken. Aus dem Hackteig in der gefetteten Form einen länglichen Laib formen.

4. Die Tomaten waschen, halbieren und daneben legen. Den Hackbraten im heißen Ofen (Mitte, Umluft 180°) etwa 30 Min. braten. Dann die Brühe angießen und weitere 30 Min. garen. In Scheiben schneiden und mit Tomaten und Sauce servieren.

Beilagen: Kartoffelpüree oder Nudeln

⏱ Zubereitung: 30 Min.	
⏱ Backzeit: 1 Std.	Pro Portion ca.: 440 kcal

Für 4 Personen
**1,2 kg Schweinebraten mit
Schwarte (ohne Knochen,
Schwarte schon vom Metzger
einschneiden lassen; etwa zwei
Drittel zum Gleichessen, den Rest
kalt als Brotzeit oder für andere
Gerichte verwenden)
1 TL Kümmel
1/2 TL getrockneter Majoran
2 Knoblauchzehen
Salz
1 Bund Suppengrün
2 Zwiebeln
3/8 l helles oder dunkles Bier**

Schweinebraten in Biersauce

1. Den Backofen auf 220° (Umluft 200°) vorheizen. Das Fleisch trockentupfen. Den Kümmel hacken, den Majoran zerrebeln, den Knoblauch schälen und durch die Presse drücken. Kümmel, Majoran, Knoblauch und Salz mischen und den Braten rundherum damit einreiben.

2. Den Braten mit der Schwarte nach unten in einen Bräter legen, etwa 1/8 l heißes Wasser angießen. Den Braten im heißen Ofen (unten) etwa 15 Min. garen.

3. Inzwischen das Suppengrün waschen oder schälen, putzen und in grobe Würfel schneiden. Die Zwiebeln schälen und vierteln.

4. Den Braten wenden, Suppengrün und Zwiebeln daneben verteilen. Den Schweinebraten etwa 1 Std. 45 Min. braten, dabei immer mal wieder mit etwas Bier begießen.

Beilagen: Knödel aus fertigem Kartoffelknödelteig und Kraut- oder Gurkensalat

Variante

Schweinebraten mediterran
Schweinebraten ohne Schwarte kaufen, mit Knoblauch, gehacktem Rosmarin, Zitronenschale und etwas Olivenöl einreiben. Beim Braten Zwiebeln, Möhren, Rosmarin- und Thymianzweige mit in den Bräter legen und statt Bier trockenen Weißwein zum Begießen nehmen.

Tipps

Ein Braten bleibt saftiger, wenn man ein größeres Stück zubereitet. Außerdem lohnt sich die relativ lange Garzeit, weil man mit dem Rest gleich eine Grundlage für ein anderes Gericht hat, das dann sehr schnell zubereitet ist. Aus den Resten des Schweinebratens können Sie z. B. das Fleisch im Teig (Seite 72) oder das Gröstl mit Fleisch und Pilzen (Seite 48) zubereiten. Ein Gröstl mit mediterranem Schweinebraten sollten Sie auch eher mediterran würzen, also mit Kräutern und etwas frischem Knoblauch.

⏱ Zubereitung: 20 Min.

⏱ Bratzeit: 2 Std.

Pro Portion ca.: 400 kcal

Pfannenfisch mit Tomaten und Zucchini

Für 4 Personen
600 g Seelachs-, Rotbarsch- oder anderes Fischfilet
1 EL Zitronensaft
Salz, Pfeffer
400 g junge Zucchini
1 Bund Frühlingszwiebeln
2 Knoblauchzehen
1 kleine Dose geschälte Tomaten (400 g)
3 EL Olivenöl
1 Prise Zucker
1/2 Bund Petersilie

1. Fischfilet waschen und abtrocknen. In etwa 2 cm große Würfel schneiden, mit dem Zitronensaft mischen, salzen und pfeffern.

2. Die Zucchini waschen, erst in Scheiben, dann in Stifte schneiden. Die Frühlingszwiebeln waschen, putzen und mit dem Grün in feine Ringe schneiden. Den Knoblauch schälen und fein hacken. Die Tomaten in der Dose kleiner schneiden.

3. Das Olivenöl in einer Pfanne erhitzen. Zucchini darin etwa 3 Min. braten. Zwiebelringe und Knoblauch kurz mitbraten, die Tomaten untermischen. Offen etwa 5 Min. köcheln lassen, mit Salz, Pfeffer und Zucker abschmecken.

4. Die Fischwürfel auf das Gemüse legen und bei schwacher Hitze zugedeckt in etwa 5 Min. gar ziehen lassen. Die Petersilie waschen, die Blättchen hacken. Fisch vorsichtig unter das Gemüse heben, mit Petersilie bestreut servieren.

Beilagen: Salzkartoffeln oder Reis

Zubereitung: 25 Min. | Pro Portion ca.: 220 kcal

Fischfilets mit Gemüsestreifen

Für 4 Personen
2 Möhren
1 rote Paprikaschote
2 Stangen Lauch
Salz
4 Fischfilets (je etwa 180 g)
1/2 unbehandelte Zitrone
Pfeffer
250 g Mozzarella

1. Die Möhren schälen, die Paprikaschote waschen und putzen. Den Lauch putzen, längs aufschneiden und gründlich waschen. Alle Gemüse in feine Streifen schneiden. Salzwasser zum Kochen bringen, das Gemüse darin etwa 2 Min. vorkochen, kalt abschrecken und abtropfen lassen.

2. Den Backofen auf 200° (Umluft 180°) vorheizen. Die Fischfilets waschen, mit Küchenpapier abtrocknen und nebeneinander in eine feuerfeste Form legen. Die Zitronenhälfte heiß waschen und abtrocknen, die Schale fein abreiben.

3. Die Fischfilets salzen, pfeffern und mit der Zitronenschale bestreuen. Das Gemüse leicht salzen und pfeffern, darauf verteilen. Den Mozzarella in dünne Scheiben schneiden und auf das Gemüse legen. Im heißen Ofen (Mitte) etwa 12 Min. garen, bis der Mozzarella zerlaufen und der Fisch gar ist.

Beilagen: Salzkartoffeln oder Weißbrot

Zubereitung: 25 Min. |
Garzeit: 12 Min. | Pro Portion ca.: 320 kcal

Für 4 Personen
1 Gurke (etwa 400 g)
1 Zwiebel
2 Knoblauchzehen
1 Bund Dill
1 EL Kapern nach Belieben
Salz, Pfeffer
4 Fischfilets (Seelachs, Rotbarsch oder Viktoriabarsch, je etwa 180 g)
1 EL Zitronensaft
2 EL Butter
100 g Schmand
1 EL Weißweinessig
Alufolie

Fisch in der Folie mit Gurke und Dill

1. Den Backofen auf 200° (Umluft 180°) vorheizen. Die Gurke schälen, längs halbieren und die Kerne herauskratzen. Die Gurke quer in feine Scheiben schneiden. Zwiebel und Knoblauch schälen und fein würfeln. Dill waschen und trockenschütteln. Die Spitzen abzupfen, einen Teil zum Bestreuen beiseite legen.

2. Gurke mit Zwiebel, Knoblauch, Dill und ev. Kapern mischen und mit Salz und Pfeffer abschmecken. Die Hälfte davon auf einem großen Stück Alufolie verteilen. Die Fischfilets mit Salz, Pfeffer und Zitronensaft würzen und auf die Gurken legen. Mit den übrigen Gurken bedecken.

3. Die Butter in Flöckchen darüber streuen. Die Alufolie gut verschließen und das Päckchen auf das Backblech legen. Im heißen Ofen (Mitte) etwa 20 Min. backen.

4. Den Fisch aus der Folie nehmen, warm halten. Die Gurken in einen Topf geben, den Schmand dazugeben und etwas einkochen lassen. Mit Salz, Pfeffer und Essig abschmecken, mit dem übrigen Dill bestreuen und zum Fisch servieren.

Beilage: Salzkartoffeln

⏱ Zubereitung: 15 Min.	
⏱ Backzeit: 20 Min.	Pro Portion ca.: 315 kcal

Für 4 Personen
4 küchenfertige Forellen (je etwa 300 g)
1 unbehandelte Zitrone
1 Bund Petersilie
Salz, Pfeffer
100 g Butter
4 EL Mandelblättchen

Mandelforellen aus dem Ofen

1. Den Backofen auf 220° (Umluft 200°) vorheizen. Die Forellen innen und außen waschen und mit Küchenpapier abtrocknen.

2. Die Zitrone heiß waschen und abtrocknen, etwas mehr als die Hälfte in sehr dünne Scheiben schneiden, die übrige Zitrone auspressen. Die Petersilie waschen und trockenschütteln.

3. Die Fische innen und außen mit Salz und Pfeffer einreiben, die Zitronenscheiben und die Petersilie in die Fischbäuche verteilen.

4. Die Butter zerlassen, mit dem Zitronensaft verrühren. Fische damit einpinseln und auf das Backblech legen. Die Forellen im heißen Ofen (Mitte) etwa 10 Min. backen. Wenden, wieder mit Butter bepinseln, mit den Mandeln bestreuen und weitere 10 Min. backen. Heiß servieren.

Beilagen: Petersilienkartoffeln und Salat

⏱ Zubereitung: 15 Min.	
⏱ Backzeit: 20 Min.	Pro Portion ca.: 555 kcal

Für 4 Personen
500 g Lauch
4 Knoblauchzehen
2 EL Butter
1/8 l Gemüsebrühe
125 g Sahne
Salz, Pfeffer
frisch geriebene Muskatnuss
4 Forellenfilets ohne Haut
(je etwa 170 g)
1 EL Zitronensaft
1/2 Bund Dill
2 TL grüne Pfefferkörner
(aus dem Glas)
1 EL Öl

Gebratene Forellenfilets mit Lauchsahne

1. Den Lauch putzen, längs aufschneiden, gründlich waschen und in feine Streifen schneiden. Den Knoblauch schälen und fein hacken.

2. In einem Topf 1 EL Butter zerlassen. Lauch und Knoblauch darin andünsten. Brühe und Sahne angießen, mit Salz, Pfeffer und Muskat würzen und zugedeckt bei schwacher Hitze etwa 10 Min. dünsten.

3. Inzwischen die Forellenfilets waschen und mit Küchenpapier abtrocknen. Mit dem Zitronensaft beträufeln. Den Dill waschen, trockenschütteln und mit den Pfefferkörnern fein hacken. Die Fischfilets salzen und in der Dillmischung wenden.

4. In einer großen Pfanne die übrige Butter mit dem Öl erhitzen. Die Forellenfilets darin bei mittlerer Hitze pro Seite knapp 2 Min. braten. Lauchsahne auf Teller geben und die Fischfilets darauf anrichten.

Beilagen: Salzkartoffeln und Zitronenschnitze

🕐 Zubereitung: 25 Min. | Pro Portion ca.: 380 kcal

Für 4 Personen
800 g kleine fest kochende Kartoffeln
1 großes Bund Rucola
1/8 l heiße Gemüsebrühe
2 EL Essig
1 EL mittelscharfer Senf
2 EL Olivenöl
Salz, Pfeffer
4 Rotbarschfilets (je etwa 180 g)
2 EL Zitronensaft
3 EL Mehl
2 Eier
100 g Semmelbrösel
3 EL Butterschmalz

Panierte Fischfilets mit Kartoffel-Rucola-Salat

1. Die Kartoffeln gründlich waschen und in Wasser zugedeckt in etwa 20 Min. weich kochen.

2. Inzwischen den Rucola verlesen, waschen und trockenschütteln, grob hacken. Die Brühe mit Essig, Senf und Olivenöl verrühren und mit Salz und Pfeffer würzen.

3. Die Fischfilets waschen und mit Küchenpapier abtrocknen. Mit Salz und Pfeffer würzen und mit dem Zitronensaft beträufeln. Mehl, leicht verquirlte Eier und Semmelbrösel je auf Tellern verteilen. Fischfilets erst im Mehl, dann in den Eiern und zum Schluss in den Bröseln wenden.

4. Das Butterschmalz erhitzen und die Fischfilets darin bei mittlerer Hitze pro Seite 3–4 Min. braten.

5. Inzwischen die Kartoffeln pellen und in feine Scheiben schneiden. Mit der Sauce und dem Rucola mischen und abschmecken. Zu den Fischfilets servieren.

Beilage: Zitronenschnitze

🕐 Zubereitung: 30 Min. | Pro Portion ca.: 595 kcal

Aus dem Backofen

Schnell gemacht, in Ruhe gebacken

Zugegeben, nach 30 Minuten stehen Aufläufe, pikante Kuchen und Gratins eher nicht auf dem Tisch. Aber die Vorbereitung dauert meist noch nicht einmal so lang, und während alles im Ofen appetitlich braun und knusprig wird, kann man viele andere Dinge tun. Ob Sie sich für eine schnelle Pizza, Folienkartoffeln oder einen saftigen Auflauf entscheiden, Backofengerichte kommen immer gut an!

Schnelle Pizza

Für 4 Personen
1 Packung stückige Tomaten (500 g)
1 TL getrockneter Oregano
2 Knoblauchzehen
Salz, Pfeffer
1 fertig ausgerollter, rechteckiger Pizzateig
(Kühlregal, 450 g)
250 g Mozzarella
2 EL Olivenöl
125 g Rucola

1. Den Backofen auf 230° (Umluft 210°) vorheizen.
Die Pizzatomaten mit dem zerrebelten Oregano
mischen. Knoblauch schälen und dazudrücken. Mit Salz
und Pfeffer würzen.

2. Den Pizzateig auseinander rollen, auf das Backblech legen und mit der Tomatensauce bestreichen.
Mozzarella abtropfen lassen, in dünne Scheiben schneiden
und darauf verteilen. Mit Olivenöl beträufeln und im
heißen Ofen (Mitte) etwa 15 Min. backen, bis der Käse
zerlaufen ist.

3. Inzwischen den Rucola verlesen, waschen und gut
trockenschütteln, grobe Stiele entfernen. Auf die
heiße Pizza legen und gleich servieren.

⏱ Zubereitung: 10 Min.	
⏱ Backzeit: 15 Min.	Pro Portion ca.: 550 kcal

Tomaten-Brot-Gratin mit Feta

Für 4 Personen
800 g Fleischtomaten
4 Knoblauchzehen
1 rote Zwiebel
1 Bund Petersilie
6 EL Olivenöl
Salz, Pfeffer
12 dünne Scheiben Weiß- oder helleres Vollkornbrot
200 g Schafkäse (Feta)

1. Den Backofen auf 220° vorheizen. Die Tomaten
waschen und in dünne Scheiben schneiden. Den
Knoblauch und die Zwiebel schälen und sehr fein hacken.
Die Petersilie waschen und trockenschütteln, die Blättchen fein hacken. Zwiebel, Knoblauch und Petersilie mit
4 EL Olivenöl verrühren, salzen und pfeffern. Auf den
Brotscheiben verstreichen.

2. Brot und Tomaten dachziegelartig abwechselnd in
eine flache feuerfeste Form schichten. Käse zerkrümeln und darüber streuen. Das restliche Öl darüber träufeln. Im heißen Ofen (Mitte, Umluft 200°) etwa 30 Min.
backen, bis der Käse leicht gebräunt ist.

⏱ Zubereitung: 15 Min.	
⏱ Backzeit: 30 Min.	Pro Portion ca.: 480 kcal

Ofengemüse mit Tzatziki

Für 4 Personen
**1 kg gemischtes Gemüse (Auberginen,
Zucchini, Paprikaschoten und Tomaten)**
4 rote Zwiebeln
Salz, Pfeffer
4 EL Olivenöl
1 kleinere Salatgurke
2 Knoblauchzehen
400 g Joghurt
einige Zweige Dill

1. Den Backofen auf 220° vorheizen. Das Gemüse waschen und putzen, in größere Stücke schneiden. Zwiebeln schälen und vierteln. Gemüse und Zwiebeln salzen, pfeffern und in einer feuerfesten Form mischen. 50 ml Wasser und das Öl darüber geben. Etwa 50 Min. backen (Mitte, Umluft 200°).

2. Die Gurke schälen, entkernen und grob raspeln. Salzen und kurz ziehen lassen. Den Knoblauch schälen und zum Joghurt pressen. Dill waschen und fein hacken. Die Gurkenraspel ausdrücken, mit dem Dill unter den Joghurt mischen, salzen und pfeffern.

⏱ Zubereitung: 20 Min.	
⏱ Backzeit: 50 Min.	Pro Portion ca.: 205 kcal

Kartoffel-Zucchini-Auflauf

Für 4 Personen
600 g Zucchini
600 g Kartoffeln
150 g gekochter Schinken
1/2 Bund Petersilie
Salz, Pfeffer
1/2 TL frisch geriebene Muskatnuss
4 Eier, 150 g saure Sahne
**80 g frisch geriebener Bergkäse, Gouda oder
Emmentaler**

1. Den Backofen auf 180° vorheizen. Die Zucchini waschen und putzen. Die Kartoffeln schälen und waschen. Beides in der Küchenmaschine fein raspeln. Den Schinken ohne Fettrand würfeln, die Petersilie waschen, trockenschütteln und fein hacken. Alles mischen und mit Salz, Pfeffer und Muskat würzen.

2. Die Eier mit der sauren Sahne und dem Käse verquirlen und unter die Gemüsemischung heben. Die Masse in eine flache feuerfeste Form füllen und im heißen Ofen (Mitte, Umluft 160°) etwa 45 Min. backen, bis sie schön gebräunt ist.

⏱ Zubereitung: 20 Min.	
⏱ Backzeit: 45 Min.	Pro Portion ca.: 390 kcal

Für 4 Personen
**8 etwa gleich große Kartoffeln
(je etwa 150 g)
4 EL Olivenöl
Salz
500 g Hähnchenbrustfilets
2 Zwiebeln
1 rote Paprikaschote
1 Dose Mais (285 g Abtropfgewicht)
1/2 Dose stückige Tomaten (200 g)
Tabascosauce nach Belieben
1 reife Avocado
2 EL Zitronensaft
1 EL Butter
Alufolie**

Folienkartoffeln mit buntem Hähnchenragout

1. Backofen auf 220° vorheizen. Die Kartoffeln unter fließendem Wasser gründlich abbürsten. Mit 2 EL Olivenöl einpinseln, salzen und einzeln in Alufolie verpacken. Auf dem Backblech etwa 50 Min. backen (Mitte, Umluft 200°).

2. Nach etwa 30 Min. das Hähnchenfleisch in feine Streifen schneiden. Die Zwiebeln schälen und fein würfeln. Die Paprikaschote waschen, halbieren, putzen und ebenfalls würfeln. Den Mais abtropfen lassen.

3. Das übrige Öl erhitzen, das Fleisch darin bei starker Hitze 2–3 Min. braten. Zwiebeln und Paprika dazugeben und kurz mitbraten. Tomaten und Mais unterrühren, mit Salz und eventuell Tabasco würzen. Zugedeckt etwa 5 Min. bei schwacher Hitze schmoren.

4. Die Avocado halbieren, den Kern herausdrehen. Schälen und in schmale Schnitze schneiden. Mit dem Zitronensaft mischen, salzen und pfeffern. Die Kartoffeln auspacken, aufschneiden und mit je 1 Butterflöckchen belegen. Hähnchenragout und Avocado dazu servieren.

Beilage: saure Sahne

⏱ Zubereitung: 25 Min.	
⏱ Backzeit: 50 Min.	Pro Portion ca.: 755 kcal

Für 4 Personen
**1 kg vorwiegend fest kochende Kartoffeln
4 EL Olivenöl
Salz
3 feste Tomaten
1 Bund Basilikum
100 g Mayonnaise (aus dem Glas)
100 g saure Sahne
1 Prise Chilipulver**

Ofenkartoffeln mit Tomaten-Mayo

1. Den Backofen auf 200° vorheizen. Die Kartoffeln schälen oder sehr gründlich waschen, der Länge nach halbieren.

2. Das Backblech leicht einölen, die Kartoffeln salzen und mit den Schnittflächen nach unten darauf legen. Die Kartoffeln mit dem übrigen Öl beträufeln und im heißen Ofen (Mitte, Umluft 160°) etwa 40 Min. backen, bis sie weich sind.

3. Inzwischen die Tomaten waschen und in sehr kleine Würfel schneiden. Die Basilikumblättchen abzupfen und in feine Streifen schneiden. Die Mayonnaise mit der sauren Sahne verrühren, die Tomaten und das Basilikum untermischen. Die Mayonnaise mit Salz und Chilipulver abschmecken und zu den heißen Ofenkartoffeln servieren.

⏱ Zubereitung: 15 Min.	
⏱ Backzeit: 40 Min.	Pro Portion ca.: 440 kcal

Für 4 Personen
300 g Mehl
Salz
8 EL Olivenöl
1/2 Würfel frische Hefe (etwa 20 g)
1 große Dose geschälte Tomaten (800 g)
Pfeffer, 1 Prise Zucker
200 g Champignons
200 g gekochter Schinken
200 g junge Zucchini
100 g schwarze Oliven
4–8 eingelegte Peperoni
250 g Mozzarella

Bunt belegte Pizza

1. Für den Teig das Mehl mit 1 TL Salz und 4 EL Öl mischen. Die Hefe zerkrümeln, in etwa 150 ml lauwarmem Wasser anrühren und zum Mehl geben. Alles zu einem glatten Teig verkneten und zugedeckt etwa 1 Std. an einem warmen Ort gehen lassen, bis sich sein Volumen verdoppelt hat. Oder den Teig am Vorabend kneten und über Nacht zugedeckt im Kühlschrank gehen lassen, dann wird er sogar noch feiner.

2. Den Backofen auf 250° (Umluft 220°) vorheizen. Das Backblech mit wenig Öl bestreichen. Den Teig noch einmal durchkneten und direkt auf dem Blech ausrollen, die Ränder etwas dicker formen.

3. Die Tomaten in der Dose sehr klein schneiden, mit Salz, Pfeffer und Zucker abschmecken. Die Pilze putzen und in Scheiben schneiden. Den Schinken vom Fettrand befreien und in Streifen teilen. Die Zucchini waschen, putzen und in dünne Scheiben schneiden.

4. Die Tomaten auf dem Teig verstreichen. Pilze, Schinken, Zucchini und Oliven gemischt oder getrennt voneinander darauf verteilen, mit Peperoni belegen. Den Mozzarella in Scheiben schneiden und auf der Pizza verteilen.

5. Die Pizza mit dem übrigen Olivenöl beträufeln und im heißen Ofen (Mitte) etwa 15 Min. backen.

Beilage: gemischter Salat

Varianten

• Statt Schinken Salami nehmen.

• 5 Paprikaschoten in Streifen mit 6–8 gut abgetropften Sardellenfilets in Öl und Rucola auf der Pizza verteilen und mit Käse bedecken.

• 3 Zwiebeln schälen und in Ringe hobeln, mit 2 Dosen Tunfisch im eigenen Saft, Kapern, Salz und Pfeffer mischen, auf der Tomatensauce verteilen. Mit wenig Käse bestreuen und backen.

• Paprika, scharfe Salami und Artischockenherzen auf die Tomatensauce geben, mit Mozzarella belegen.

• TK-Blattspinat nach Packungsangabe garen und gut abtropfen lassen. Auf der Tomatensauce verteilen, mit Gorgonzolawürfeln belegen und backen.

⏲ Zubereitung: 30 Min.	⏲ Ruhezeit: 1 Std.
⏲ Backzeit: 15 Min.	Pro Portion ca.: 830 kcal

Für 4 Personen
**4 Platten TK-Blätterteig
1 Bund gemischte Kräuter oder
Petersilie
4 Eier
200 g Sahne
250 g Quark
150 g frisch geriebener Emmentaler
oder Bergkäse
Salz, Pfeffer
je 1 TL edelsüßes und rosenscharfes
Paprikapulver
Mehl für die Arbeitsfläche**

Blätterteigquiche mit Käse

1. Die Blätterteigplatten zugedeckt in etwa 15 Min. auftauen lassen.

2. Inzwischen die Kräuter waschen und trockenschütteln, die Blättchen sehr fein hacken. Die Eier sorgfältig mit der Sahne und dem Quark verrühren. Käse und Kräuter untermischen und mit Salz, Pfeffer und Paprika abschmecken.

3. Den Backofen auf 180° vorheizen. Eine Tarte- oder Springform kalt ausspülen und nicht abtrocknen. Die Teigplatten aufeinander legen und auf wenig Mehl dünn ausrollen. Die Form damit auskleiden. Die Käsemasse darauf verteilen.

4. Die Quiche im heißen Ofen (Mitte, Umluft 160°) etwa 45 Min. backen, bis die Oberfläche schön gebräunt ist.

Beilage: Blattsalat

⏱ Zubereitung: 20 Min.	
⏱ Backzeit: 45 Min.	Pro Portion ca.: 755 kcal

Für 4 Personen
**600 g Zwiebeln
2 Stangen Lauch
150 g durchwachsener Räucherspeck
1 EL Öl
3 Eier
150 g saure Sahne
Salz, Pfeffer
1 Packung fertig ausgerollter Hefe-
oder Pizzateig (für 1 Backblech, aus
dem Kühlregal, etwa 450 g)**

Zwiebelkuchen mit Lauch

1. Die Zwiebeln schälen und fein würfeln (schnell und einfach mit dem Blitzhacker). Den Lauch putzen, längs aufschneiden, gründlich waschen und ebenfalls klein schneiden. Den Speck von Schwarte und Knorpeln befreien und klein würfeln.

2. Den Backofen auf 200° vorheizen. Das Öl erhitzen, den Speck darin kurz braten. Zwiebeln und Lauch hinzufügen und unter Rühren etwa 5 Min. dünsten.

3. Die Eier mit der sauren Sahne, Salz und Pfeffer verrühren. Die Zwiebelmischung unterrühren. Den Teig auf das Backblech legen, die Zwiebelmasse darauf verteilen. Den Zwiebelkuchen im heißen Ofen (Mitte) etwa 35 Min. backen, bis er schön gebräunt ist.

Tipp

Wer den Teig selber machen will, bereitet den Pizzateig von Seite 92 mit Milch statt Wasser zu und mischt nach dem ersten Gehen noch 50 g weiche Butter und 1 Ei unter. Ausrollen und nochmals gehen lassen.

⏱ Zubereitung: 25 Min.	
⏱ Backzeit: 35 Min.	Pro Portion ca.: 585 kcal

Für 4 Personen
800 g vorwiegend fest kochende Kartoffeln
500 g Rosenkohl
Salz, Pfeffer
frisch geriebene Muskatnuss
100 g frisch geriebener Emmentaler oder Bergkäse
300 ml Milch
125 g Sahne
2 Eier
2 EL Butter

Kartoffel-Rosenkohl-Gratin

1. Den Backofen auf 180° vorheizen. Die Kartoffeln schälen, waschen und in dünne Scheiben hobeln. Den Rosenkohl von welken Blättern befreien, waschen und in dünne Scheiben schneiden.

2. Die Kartoffeln und den Rosenkohl mischen und mit Salz, Pfeffer und Muskat würzen. Die Hälfte in eine feuerfeste Form geben und mit der Hälfte des Käses bestreuen. Die restliche Kartoffelmischung darüber geben. Die Milch mit der Sahne und den Eiern verrühren, leicht salzen und pfeffern und darüber gießen. Den restlichen Käse darauf streuen, Butter in Flöckchen darauf verteilen.

3. Das Kartoffel-Rosenkohl-Gratin im Ofen (Mitte, Umluft 160°) etwa 50 Min. backen, bis Kartoffeln und Kohl weich sind und die Oberfläche gebräunt ist.

Beilage: Feldsalat

⏱ Zubereitung: 30 Min.	
⏱ Backzeit: 50 Min.	Pro Portion ca.: 470 kcal

Für 4 Personen
1 Blumenkohl (etwa 1,2 kg)
Salz
200 g gekochter Schinken
4 EL Butter
2 EL Mehl
3/8 l Milch
150 g frisch geriebener Emmentaler
Pfeffer
frisch geriebene Muskatnuss

Gratinierter Blumenkohl

1. Den Blumenkohl waschen und in einzelne Röschen teilen. In einem großen Topf Wasser mit Salz zum Kochen bringen. Den Blumenkohl darin etwa 3 Min. vorkochen, abgießen, kalt abschrecken und abtropfen lassen.

2. Den Schinken klein würfeln. In einem Topf 2 EL Butter erwärmen, das Mehl einrühren und goldgelb werden lassen. Unter ständigem Rühren nach und nach mit der Milch aufgießen. Die Sauce etwa 10 Min. leise köcheln lassen, den Käse unterrühren, bis er schmilzt.

3. Den Backofen auf 180° vorheizen. Die Sauce mit Salz, Pfeffer und Muskat abschmecken. Den Blumenkohl mit dem Schinken mischen und in eine feuerfeste Form geben.

4. Die Sauce über den Blumenkohl verteilen und mit der übrigen Butter in kleinen Flöckchen belegen. Den Blumenkohl im heißen Ofen (Mitte, Umluft 160°) etwa 30 Min. backen, bis er leicht gebräunt ist.

Beilage: Salzkartoffeln

⏱ Zubereitung: 25 Min.	
⏱ Backzeit: 30 Min.	Pro Portion ca.: 435 kcal

Für 4 Personen

2 Auberginen (etwa 800 g)
2 große Zwiebeln
4 Knoblauchzehen
4 EL Olivenöl
2 TL frische Thymianblättchen
oder 1 TL getrockneter Thymian
Salz, Pfeffer
1 kleine Dose geschälte Tomaten
(400 g)
200 g Schafkäse (Feta)
300 g Joghurt
3 Eier
1 Prise Zimtpulver

Auberginen-Joghurt-Auflauf

1. Die Auberginen waschen, putzen und in Würfel schneiden. Die Zwiebeln und den Knoblauch schälen und fein würfeln.

2. Das Öl in einer Pfanne erhitzen. Auberginen darin unter Rühren etwa 5 Min. braten. Zwiebeln, Knoblauch und Thymian untermischen, kurz weiterbraten. Salzen und pfeffern.

3. Den Backofen auf 200° vorheizen. Die Tomaten in der Dose klein schneiden und unter die Auberginen mischen. Den Schafkäse zerkrümeln und untermengen. Die Masse in eine feuerfeste Form verteilen.

4. Den Joghurt mit den Eiern verrühren und mit Salz, Pfeffer und wenig Zimt würzen. Über die Auberginen verteilen. Den Auflauf im Ofen (Mitte, Umluft 180°) etwa 30 Min. backen, bis er schön gebräunt ist.

Beilage: Fladenbrot

⏱ Zubereitung: 25 Min.	
⏱ Backzeit: 30 Min.	Pro Portion ca.: 375 kcal

Für 4 Personen

200 g kurze Nudeln (z. B. Penne
oder Fusilli)
Salz
400 g Tomaten
250 g Champignons
1 Bund Frühlingszwiebeln
2 Knoblauchzehen
4 Eier
200 g Sahne
75 g frisch geriebener Parmesan
oder Emmentaler
Pfeffer
1 EL Butter
Basilikumblättchen zum Garnieren

Nudelauflauf mit Tomaten und Pilzen

1. Die Nudeln nach Packungsangabe in kochendem Salzwasser al dente kochen. In einem Sieb kalt abschrecken und abtropfen lassen.

2. Den Backofen auf 180° vorheizen. Die Tomaten waschen und sehr klein würfeln. Die Pilze mit Küchenpapier abreiben, von den Stielenden befreien und in Scheiben schneiden. Die Frühlingszwiebeln waschen, putzen und mit dem saftigen Grün in feine Ringe schneiden. Den Knoblauch schälen und fein hacken.

3. Die Nudeln mit Tomaten, Pilzen, Zwiebelringen und Knoblauch mischen. Die Eier mit der Sahne und dem Käse verquirlen und mit Salz und Pfeffer abschmecken. Unter die Nudelmasse heben und in eine feuerfeste Form verteilen.

4. Den Nudelauflauf mit der Butter in kleinen Flöckchen belegen und im Backofen (Mitte, Umluft 160°) etwa 40 Min. backen, bis die Oberfläche schön gebräunt ist. Mit Basilikumblättchen bestreut servieren.

⏱ Zubereitung: 25 Min.	
⏱ Backzeit: 40 Min.	Pro Portion ca.: 540 kcal

Für 4 Personen
800 g Zwiebeln
2 Tomaten
1 Bund Rucola
1 Bund Petersilie
150 g gekochter Schinken
Salz, Pfeffer
1 Prise Chilipulver
1/8 l Gemüsebrühe
125 g Sahne

Zwiebelgratin mit Schinken

1. Die Zwiebeln schälen und in etwa 1/2 cm dicke Scheiben schneiden. In eine feuerfeste Form geben und verteilen.

2. Den Backofen auf 180° vorheizen. Die Tomaten waschen und in sehr kleine Würfel schneiden. Die Kräuter verlesen, waschen und trockenschütteln. Von allen dicken Stielen befreien und sehr fein hacken. Den Schinken ohne Fettrand würfeln. Tomaten, Kräuter und Schinken mischen und mit Salz, Pfeffer und Chilipulver abschmecken.

3. Die Schinkenmischung auf den Zwiebeln verteilen. Die Brühe mit der Sahne verrühren und angießen. Das Gratin im Ofen (Mitte, Umluft 160°) etwa 50 Min. backen, bis die Zwiebeln weich sind.

Beilagen: Pellkartoffeln oder Brot und eventuell Schweine- oder Lammkoteletts

🕐 Zubereitung: 20 Min.	
🕐 Backzeit: 50 Min.	Pro Portion ca.: 245 kcal

Für 4 Personen
4 mittelgroße Zucchini (etwa 800 g)
1 rote Paprikaschote
1 Bund Frühlingszwiebeln
2 Knoblauchzehen
1/2 Bund Petersilie
300 g rohe Bratwürste
1 Ei
50 g saure Sahne
Salz, Pfeffer
frisch geriebene Muskatnuss
1 kleine Dose geschälte Tomaten (400 g)

Zucchini mit Wurstfüllung

1. Die Zucchini waschen, der Länge nach halbieren und mit einem Löffel oder einem Kugelausstecher bis auf einen gut 1/2 cm dicken Rand aushöhlen. Das herausgelöste Fruchtfleisch fein würfeln.

2. Den Backofen auf 220° (Umluft 200°) vorheizen. Die Paprikaschote waschen, halbieren, putzen und in kleine Würfel schneiden. Die Frühlingszwiebeln waschen, putzen und mit dem zarten Grün in feine Ringe schneiden. Den Knoblauch schälen und fein hacken. Die Petersilie waschen und trockenschütteln, die Blättchen ebenfalls fein hacken.

3. Die Wurstmasse aus der Haut drücken. Mit Paprika- und 1 EL Zucchiniwürfeln, Zwiebeln, Knoblauch, dem Ei und der sauren Sahne gut vermengen. Die Masse mit Salz, Pfeffer und Muskat abschmecken und in die Zucchinihälften verteilen.

4. Die Tomaten in der Dose klein schneiden, mit dem übrigen Zucchinifleisch mischen, salzen, pfeffern und in eine feuerfeste Form füllen. Die Zucchini darauf setzen und im Backofen (Mitte) etwa 30 Min. backen.

Beilagen: Fladenbrot oder Salzkartoffeln

🕐 Zubereitung: 25 Min.	
🕐 Backzeit: 30 Min.	Pro Portion ca.: 320 kcal

Bunter Gemüseauflauf

Für 4 Personen
4 Möhren
2 Kohlrabi
2 Stangen Lauch
2 Zucchini
2 Zwiebeln
Salz
2 EL Butter
1 EL Mehl
150 ml Gemüsebrühe
200 ml Milch
Pfeffer
frisch geriebene Muskatnuss
2 Eier
100 g frisch geriebener Emmentaler

1. Das Gemüse waschen oder schälen, putzen und in etwa 1 cm große Stücke schneiden. Die Zwiebeln schälen und achteln. Salzwasser zum Kochen bringen, das Gemüse und die Zwiebeln darin 3 Min. vorkochen, in einem Sieb kalt abschrecken und abtropfen lassen.

2. Den Backofen auf 220° vorheizen. Für die Sauce 1 EL Butter schmelzen, das Mehl darin anschwitzen. Mit der Brühe und der Milch aufgießen und mit dem Schneebesen gut durchrühren. Mit Salz, Pfeffer und Muskat abschmecken und unter gelegentlichem Rühren offen etwa 5 Min. köcheln lassen.

3. Die Sauce etwas abkühlen lassen, dann die Eier und den Käse unterrühren. Das Gemüse in eine feuerfeste Form geben, die Sauce darüber verteilen und mit der übrigen Butter in kleinen Flöckchen belegen.

4. Den Auflauf im Ofen (Mitte, Umluft 200°) etwa 25 Min. backen, bis die Oberfläche schön gebräunt ist.

Beilagen: Pellkartoffeln oder Brot

Varianten

• Das Gemüse ganz nach Saison wählen: Im Winter schmecken Rosenkohl, Möhren, Lauch und Wirsing, im Frühling grüner Spargel, Kohlrabi, Möhren und Pilze und im Sommer auch mal Paprikaschoten, Zucchini, Auberginen und Tomaten.
• Statt Béchamelsauce können Sie auch 150 g Gorgonzola in 1/4 l Milch schmelzen lassen, 125 g gewürfelten Mozzarella und 2 Eier untermischen und das Gemüse damit überbacken.

🕐 Zubereitung: 30 Min.

🕐 Backzeit: 25 Min.   Pro Portion ca.: 290 kcal

Für 4 Personen
1 Packung Kartoffelpüree
(etwa 125 g)
800 g Zucchini
1 Zwiebel
2 Knoblauchzehen
2 EL Olivenöl
500 g gemischtes Hackfleisch
1 Dose stückige Tomaten (400 g)
Salz, Pfeffer
1 Prise Zimtpulver
3 Eier
1/8 l Milch

Zucchini-Moussaka

1. Das Kartoffelpüree nach der Packungsangabe zubereiten und lauwarm abkühlen lassen. Die Zucchini waschen, putzen und in dünne Scheiben schneiden. Den Backofen auf 200° vorheizen.

2. Die Zwiebel und den Knoblauch schälen und fein würfeln. Im Öl anbraten. Das Hackfleisch dazugeben und unter Rühren krümelig braten. Mit den Tomaten mischen und mit Salz, Pfeffer und Zimt abschmecken.

3. Kartoffelpüree, Zucchini und Hackfleischsauce lagenweise in eine feuerfeste Form schichten, mit Zucchini abschließen.

4. Die Eier mit der Milch verrühren, mit Salz und Pfeffer würzen und darüber gießen. Den Auflauf im Ofen (Mitte, Umluft 180°) etwa 40 Min. backen, bis er schön gebräunt ist.

Beilage: Tomaten-Gurken-Salat, eventuell mit etwas Schafkäse

🕐 Zubereitung: 30 Min.

🕐 Backzeit: 40 Min. | Pro Portion ca.: 565 kcal

Für 4 Personen
1 Packung gehackter TK-Spinat
(450 g)
1 Bund Rucola
500 g Ricotta (oder Doppelrahm-
frischkäse und Quark gemischt)
3 Eier
100 g frisch geriebener Parmesan
Salz, Pfeffer
1 große Dose geschälte Tomaten
(800 g)
2 Knoblauchzehen
1 TL getrockneter Oregano
250 g Lasagneplatten (ohne
Vorkochen verwendbar)
1 EL Butter

Spinat-Lasagne

1. Den Spinat auftauen lassen. Den Rucola verlesen, waschen, trockenschütteln und fein hacken. Den Backofen auf 200° vorheizen.

2. Ricotta mit Eiern, Parmesan und Spinat verrühren, mit Salz und Pfeffer abschmecken. Für die Sauce die Tomaten abtropfen lassen und klein schneiden. Den Knoblauch schälen und dazupressen. Gehackten Rucola untermischen und die Sauce mit Salz, Pfeffer und gerebeltem Oregano abschmecken.

3. Lasagneplatten, Spinatmasse und Tomatensauce lagenweise in eine feuerfeste Form schichten, dabei mit Nudeln und Tomatensauce abschließen. Die Butter in Flöckchen darauf verteilen.

4. Die Lasagne im Ofen (Mitte, Umluft 180°) etwa 30 Min. backen, bis die Nudelplatten weich sind und die Oberfläche leicht gebräunt ist.

🕐 Zubereitung: 20 Min.

🕐 Backzeit: 30 Min. | Pro Portion ca.: 700 kcal

Hackauflauf mit Kohlrabi

Für 4 Personen
3 Scheiben Toastbrot
75 ml Milch
3 junge Kohlrabi (etwa 600 g)
2 Zwiebeln
2 Knoblauchzehen
1 Bund Petersilie
2 EL Butter
Salz
500 g gemischtes Hackfleisch
3 Eier
1 EL Tomatenmark
Pfeffer
1 TL edelsüßes Paprikapulver
2 EL Mandelblättchen

1. Das Toastbrot würfeln und mit der Milch begießen. Die Kohlrabi schälen und in etwa 1 cm große Würfel schneiden. Die Zwiebeln und den Knoblauch schälen und fein hacken. Die Petersilie waschen und trockenschütteln, die Blätter fein hacken.

2. In einem Topf 1 EL Butter zerlassen. Die Kohlrabiwürfel mit den Zwiebeln und dem Knoblauch darin 1–2 Min. andünsten. 50 ml Wasser angießen, salzen und das Gemüse zugedeckt bei schwacher Hitze etwa 5 Min. vorgaren.

3. Den Backofen auf 200° vorheizen. Hackfleisch, Eier, Brot, Petersilie und Tomatenmark vermengen, mit Salz, Pfeffer und Paprika würzen. Die Kohlrabi abtropfen lassen und untermischen.

4. Die Masse in eine flache feuerfeste Form füllen, mit den Mandelblättchen bestreuen und mit der übrigen Butter in Flöckchen belegen. Den Auflauf im Ofen (Mitte, Umluft 180°) etwa 30 Min. backen.

Beilagen: Fladenbrot und Tomatensalat

⏱ Zubereitung: 30 Min.	
⏱ Backzeit: 30 Min.	Pro Portion ca.: 545 kcal

Hähnchengratin mit Tomaten und Mozzarella

Für 4 Personen
600 g Hähnchenbrustfilets
400 g Tomaten
1 Bund Basilikum oder Rucola
1 EL entsteinte grüne Oliven
150 g Crème fraîche
Salz, Pfeffer
1 TL Honig
250 g Mozzarella

1. Den Backofen auf 200° vorheizen. Das Hähnchenfleisch waschen, mit Küchenpapier abtrocknen und in feine Streifen schneiden. Die Tomaten waschen und sehr klein würfeln.

2. Die Basilikumblättchen abzupfen oder den Rucola verlesen, waschen und trockenschütteln. Kräuter und Oliven klein schneiden und mit der Crème fraîche und den Tomaten verrühren. Mit Salz, Pfeffer und Honig abschmecken.

3. Das Hähnchenfleisch in eine feuerfeste Form geben und leicht salzen und pfeffern. Mit der Sauce bedecken. Den Mozzarella abtropfen lassen, in dünne Scheiben schneiden und auf dem Fleisch verteilen. Das Gratin im Ofen (Mitte, Umluft 180°) etwa 20 Min. backen, bis der Käse zu schmelzen beginnt.

Beilagen: Kartoffeln oder Reis

⏱ Zubereitung: 25 Min.	
⏱ Backzeit: 20 Min.	Pro Portion ca.: 465 kcal

Gratinierte Auberginen mit Käse

Für 4 Personen
2 Auberginen (etwa 800 g)
6 EL Olivenöl
Salz, Pfeffer
1 gelbe Paprikaschote
300 g Tomaten
4 Frühlingszwiebeln
2 Knoblauchzehen
3 Eier
150 g Sahne
150 g frisch geriebener Hartkäse

1. Den Backofen auf 200° vorheizen. Die Auberginen waschen und der Länge nach in etwa 1 cm dicke Scheiben schneiden. Das Backblech mit Öl bestreichen, die Auberginenscheiben nebeneinander darauf legen, mit dem übrigen Öl einpinseln und mit Salz und Pfeffer würzen.

2. Die Paprikaschote und die Tomaten waschen und in kleine Würfel schneiden. Die Frühlingszwiebeln waschen, putzen und mit dem zarten Grün fein würfeln. Knoblauch schälen und durch die Presse drücken.

3. Die Eier mit der Sahne und dem Käse verrühren, die Paprika- und Tomatenwürfel mit Knoblauch und Frühlingszwiebeln untermischen. Die Masse auf den Auberginen verteilen. Im Ofen (Mitte, Umluft 180°) etwa 30 Min. backen, bis sie schön gebräunt sind.

Beilagen: Fladenbrot oder Bratkartoffeln

🕐 Zubereitung: 25 Min.

🕐 Backzeit: 30 Min.

Pro Portion ca.: 485 kcal

Gratinierter Chicorée

Für 4 Personen
8 kleinere Stauden Chicorée (etwa 1 kg)
Salz
250 g Champignons
1 Bund Petersilie
1 EL Butter
2 Eigelbe
250 g Sahne
100 g frisch geriebener Hartkäse
Pfeffer
1/2 TL rosenscharfes Paprikapulver

1. Den Chicorée von welken Blättern befreien, waschen und der Länge nach halbieren. In kochendem Salzwasser etwa 8 Min. vorgaren, abtropfen und etwas abkühlen lassen. Den Backofen auf 200° vorheizen.

2. Inzwischen die Champignons mit Küchenpapier abreiben, die Stielenden entfernen. Die Pilze in feine Scheiben schneiden. Die Petersilie waschen und trockenschütteln, die Blättchen fein hacken. Die Butter zerlassen, Pilze mit Petersilie darin etwa 3 Min. dünsten.

3. Die Chicoréehälften nebeneinander in eine feuerfeste Form setzen und mit den Pilzen bestreuen. Die Eigelbe mit der Sahne und dem Käse verrühren, mit Salz, Pfeffer und Paprika würzen und über den Chicorée gießen. Das Gratin im Ofen (Mitte, Umluft 180°) etwa 25 Min. backen, bis es schön gebräunt ist.

Beilagen: Kartoffelpüree oder Pellkartoffeln

🕐 Zubereitung: 30 Min.

🕐 Backzeit: 25 Min.

Pro Portion ca.: 385 kcal

Süßes zum Sattessen

... und ein paar schnelle Desserts

Nicht nur für Kinder eine willkommene Abwechslung auf dem Speiseplan sind süße Aufläufe, Quarkknödel, Kaiserschmarren und Co. Vorher ein kleiner Salat oder eine leichte Suppe und das Essen ist komplett. Wer sich am Süßen nicht satt essen möchte, sondern eher nach einem feinen Abschluss oder einer kleinen Belohnung sucht, findet hier Desserts, die fast alle mit Früchten zubereitet, also sogar gesund sind.

Birnenreis mit Zimt

Für 4 Personen
250 g Milchreis
1 1/2 l Milch
3 Päckchen Vanillezucker
1 Prise Salz
500 g Birnen
1 EL Zitronensaft
1 EL Zucker
1 TL Zimt

1. Den Reis in einem Sieb kalt waschen und abtropfen lassen. Mit der Milch in einen Topf geben, Vanillezucker und Salz dazugeben.

2. Die Milch zum Kochen bringen und den Reis bei sehr schwacher Hitze zugedeckt etwa 15 Min. quellen lassen. Ab und zu umrühren.

3. Inzwischen die Birnen vierteln, schälen und vom Kerngehäuse befreien. In kleine Würfel schneiden und mit dem Zitronensaft mischen. Die Birnen unter den Reis rühren. Weitere 10 Min. garen, bis der Reis weich ist. Zucker mit Zimt mischen und vor dem Servieren auf den Birnenreis streuen.

🕐 Zubereitung: 25 Min. | Pro Portion ca.: 560 kcal

Quarkauflauf mit Zwetschgen

Für 4 Personen
500 g Zwetschgen
4 Eier, 100 g weiche Butter
100 g Zucker
750 g Quark
80 g Hartweizengrieß
1 Päckchen Vanillezucker
2 EL Semmelbrösel

1. Die Zwetschgen waschen, halbieren und entsteinen. Die Hälften nochmals durchschneiden. Den Backofen auf 180° vorheizen.

2. Die Eier trennen. 80 g Butter mit dem Zucker schaumig schlagen, die Eigelbe untermischen. Quark und Grieß sorgfältig unterrühren. Eiweiße mit Vanillezucker steif schlagen, mit den Zwetschgen unterheben.

3. Eine Auflaufform fetten und die Masse einfüllen. Mit den Semmelbröseln bestreuen und mit der restlichen Butter in Flöckchen belegen. Den Auflauf im Ofen (Mitte, Umluft 160°) etwa 45 Min. backen.

🕐 Zubereitung: 20 Min.
🕐 Backzeit: 45 Min. | Pro Portion ca.: 715 kcal

Bananen-Quark-Creme

Für 4 Personen
1 große unbehandelte Zitrone
3 reife Bananen (etwa 700 g)
400 g Quark
70 g Zucker oder Honig
1 Päckchen Vanillezucker
150 g Sahne
Schokoblättchen zum Bestreuen

1. Die Zitrone heiß waschen und abtrocknen. Die Schale fein abreiben, die Zitrone auspressen. Die Bananen schälen und mit einer Gabel sehr fein zerdrücken. Das Bananenpüree sofort mit dem Zitronensaft und der -schale mischen.

2. Den Quark mit dem Zucker und dem Vanillezucker gründlich verrühren. Das Bananenpüree untermischen. Die Sahne steif schlagen und unterheben.

3. Die Bananencreme in Schüsselchen oder Gläser füllen und mit Schokoblättchen bestreut servieren.

⏱ Zubereitung: 15 Min. | Pro Portion ca.: 375 kcal

Gratinierte Erdbeeren

Für 4 Personen
500 g Erdbeeren
150 g Löffelbiskuits oder andere Biskuitkekse
2 Eier
150 g Schmand oder saure Sahne
60 g Zucker, 1 Prise Salz
2 EL Pinienkerne oder Mandelblättchen
Puderzucker zum Bestäuben
Butter für die Form

1. Den Backofen auf 220° (Umluft 200°) vorheizen. Die Erdbeeren waschen, entkelchen und vierteln. Löffelbiskuits in kleine Stücke brechen. Eine feuerfeste Form fetten. Erdbeeren und Biskuits hineingeben und in der Form verteilen.

2. Die Eier trennen. Den Schmand mit dem Zucker schaumig rühren, die Eigelbe untermischen. Die Eiweiße mit dem Salz zu steifem Schnee schlagen und unterheben.

3. Die Schmandmasse auf den Erdbeeren verteilen, mit den Pinienkernen bestreuen. Im heißen Ofen (Mitte) etwa 20 Min. backen, bis die Oberfläche gebräunt ist. Mit Puderzucker bestäubt servieren.

⏱ Zubereitung: 15 Min.
⏱ Backzeit: 20 Min. | Pro Portion ca.: 485 kcal

Für 4 Personen
150 g Rundkornreis
1/2 l Milch
1 Prise Salz
100 g Zucker
100 g Zartbitter-Schokolade
1 Glas Schattenmorellen (370 g Abtropfgewicht)
4 Eier
Butter für die Form
Puderzucker und Kakaopulver zum Bestäuben

Reisauflauf mit Kirschen und Schokolade

1. Den Reis kalt waschen und mit der Milch, gut 1/8 l Wasser, Salz und 2 EL Zucker in einem Topf zum Kochen bringen. Zugedeckt bei sehr schwacher Hitze in etwa 15 Min. ausquellen lassen. Dann offen lauwarm abkühlen lassen.

2. Den Backofen auf 180° vorheizen. Die Schokolade in kleine Stücke schneiden oder brechen. Die Kirschen in einem Sieb abtropfen lassen. Die Eier trennen.

3. Die Eigelbe unter den Reis mischen. Die Schokolade und die abgetropften Kirschen ebenfalls unterrühren.

4. Die Eiweiße mit dem übrigen Zucker steif schlagen und sorgfältig unter den Reis heben.

5. Eine Auflaufform mit etwas Butter einfetten, die Masse einfüllen und im heißen Backofen (Mitte, Umluft 160°) etwa 40 Min. backen, bis die Oberfläche schön gebräunt ist. Mit Puderzucker und etwas Kakaopulver bestäubt servieren.

Varianten

Versuchen Sie den Auflauf auch einmal mit Bulgur oder Hirse, die genau wie der Reis gekocht werden.
Gut schmecken auch Polenta oder Couscous. In beiden Fällen nehmen Sie am besten Instant-Polenta bzw. vorgekochten Couscous, die nur etwa 5 Min. Garzeit benötigen. Die Flüssigkeitsmenge zum Garen steht auf der Packung. Eine ganz andere Geschmacksrichtung bekommen Sie mit Suppennudeln, die Sie ebenfalls in Milch mit etwas Zimt kochen. Statt Kirschen können Sie auch gemischte TK-Beeren, Birnenspalten oder Aprikosenhälften (beides aus der Dose) nehmen. Wenn sie gerade Saison haben, schmecken natürlich auch frische Früchte wie Brombeeren, Heidelbeeren, Johannisbeeren, Aprikosen, Zwetschgen oder Pfirsiche sehr gut.

🕐 Zubereitung: 30 Min.

🕐 Backzeit: 40 Min.

Pro Portion ca.: 620 kcal

Apfelpfannkuchen

Für 4 Personen
400 g Mehl
1 Prise Salz
4 Eier
650 ml Milch
70 g Zucker
700 g säuerliche Äpfel
1 EL Zitronensaft
50 g Butter
1 kräftige Prise Zimtpulver

1. Das Mehl mit Salz mischen. Eier, Milch und 2 EL Zucker mit dem Schneebesen unterschlagen.

2. Die Äpfel vierteln, schälen und von den Kerngehäusen befreien. Der Länge nach in schmale Schnitze schneiden und mit dem Zitronensaft mischen.

3. In einer (beschichteten) Pfanne etwas Butter zerlassen. Etwa 2 Schöpfkellen Teig in die Pfanne gießen und verteilen – er soll gut 1/2 cm dick sein. Zucker und Zimt mischen. Teig mit einigen Apfelschnitzen belegen und mit Zimtzucker bestreuen. Bei mittlerer Hitze etwa 2 Min. backen, wenden und noch einmal etwa 2 Min. backen, bis die Äpfel karamellisieren.

4. Aus dem restlichen Teig und den übrigen Äpfeln weitere Pfannkuchen backen und jeweils im Backofen bei 50–70° warm halten, bis alle Pfannkuchen fertig sind, oder gleich aus der Pfanne servieren.

🕐 Zubereitung: 30 Min. | Pro Portion ca.: 775 kcal

Kaiserschmarren

Für 4 Personen
50 g Rosinen
50 ml Apfelsaft
1 EL Zitronensaft
50 g Butter + 1 EL Butter
6 Eier
300 g Mehl
Salz
2 Päckchen Vanillezucker
450 ml Milch
2 EL Butterschmalz
2 EL Puderzucker

1. Die Rosinen mit dem Apfel- und dem Zitronensaft mischen und etwa 15 Min. quellen lassen.

2. Inzwischen die 50 g Butter zerlassen, aber nicht bräunen. Die Eier trennen, die Eiweiße steif schlagen und in den Kühlschrank stellen.

3. Das Mehl mit Salz und Vanillezucker mischen, die Eigelbe, die flüssige Butter und die Milch mit dem Schneebesen gut unterrühren. Die Rosinen hinzufügen und den Eischnee vorsichtig unterheben.

4. Das Butterschmalz in einer großen Pfanne erhitzen, den Teig hineingießen und bei mittlerer Hitze etwa 5 Min. braten. Wenden und nochmals etwa 4 Min. braten. Dann mit zwei Gabeln in Stücke zupfen. Die übrige Butter in Stückchen schneiden und mit dem Puderzucker zu den Teigstücken geben. Unter Rühren rundherum schön braun werden lassen.

Beilagen: Apfelmus oder Kompott aus Zwetschgen, Aprikosen oder Birnen

🕐 Zubereitung: 30 Min. | Pro Portion ca.: 695 kcal

Obst-Brot-Auflauf

Für 4 Personen
8 altbackene Brötchen oder etwa
300 g Weißbrot (vom Vortag)
1/2 unbehandelte Zitronenschale
1/2 l Milch
60 g Zucker
3 Eier
750 g Äpfel, Zwetschgen oder
Aprikosen
1 Päckchen Vanillezucker
2 EL Butter

1. Die Brötchen in dünne Scheiben schneiden. Die Zitronenhälfte heiß waschen und abtrocknen. Die Schale fein abreiben und mit der Milch, dem Zucker und den Eiern verrühren. Die Brötchenscheiben untermischen und 10 Min. ziehen lassen.

2. Den Backofen auf 180° vorheizen. Die Früchte schälen oder waschen, putzen und klein würfeln. Mit dem Vanillezucker mischen.

3. Eine feuerfeste Form mit etwas Butter ausstreichen. Brotmasse und Früchte lagenweise einschichten. Die restliche Butter in Flöckchen schneiden und auf der Oberfläche verteilen. Den Auflauf im heißen Ofen (Mitte, Umluft 160°) etwa 35 Min. backen, bis er schön gebräunt ist. Leicht abgekühlt servieren.

🕐 Zubereitung: 25 Min.

🕐 Backzeit: 35 Min.

Pro Portion ca.: 570 kcal

Grießschnitten mit Rhabarberkompott

Für 4 Personen
1 l Milch
4 EL Butter
120 g Zucker
Salz
200 g Hartweizengrieß
500 g Rhabarber
250 g Erdbeeren
1 Päckchen Vanillezucker
1 Prise Zimtpulver

1. Die Milch mit 2 EL Butter, 50 g Zucker und 1 Prise Salz zum Kochen bringen. Grieß einrühren und zugedeckt bei schwacher Hitze etwa 10 Min. quellen lassen.

2. Die Grießmasse auf ein leicht gefettetes Backblech streichen und abkühlen lassen.

3. Den Rhabarber waschen und in Scheiben schneiden, Fäden dabei abziehen. Die Erdbeeren waschen, entkelchen und vierteln, Rhabarber und Erdbeeren mit dem restlichen Zucker und dem Vanillezucker in einem Topf mischen und erhitzen. Zugedeckt bei schwacher Hitze in etwa 10 Min. weich kochen, abkühlen lassen.

4. Den Backofen auf 200° (Umluft 180°) vorheizen. Die Grießmasse mit der übrigen Butter in Flöckchen belegen und im heißen Ofen (Mitte) etwa 20 Min. backen. In Schnitten schneiden und zusammen mit dem Kompott servieren.

Tipp

Eine ebenso köstliche Mischung sind Stachelbeeren und Erdbeeren. Zubereitung und Zuckermenge bleiben gleich.

🕐 Zubereitung: 25 Min.

🕐 Backzeit: 20 Min.

Pro Portion ca.: 560 kcal

Für 4 Personen
**500 g Quark, Topfen oder
Schichtkäse
25 g Butter
50 g Zucker
1 Prise Salz
2 Eier
150 g Hartweizengrieß
50 g Mehl
1/2 TL Backpulver
1 Dose Aprikosenhälften
(465 g Abtropfgewicht)
1 EL Zitronensaft
1 EL Honig**

Quarkknödel mit Aprikosensauce

1. Den Quark gut abtropfen lassen. Die Butter mit dem Zucker und 1 Prise Salz schaumig rühren. Erst die Eier, dann den Quark untermischen. Grieß, Mehl und Backpulver mischen, dazugeben und sorgfältig unterrühren.

2. In einem Topf reichlich Salzwasser zum Kochen bringen. Aus der Quarkmasse mit zwei Esslöffeln kleinere Klöße formen und in das leise siedende Wasser gleiten lassen. Die Klöße darin bei schwacher Hitze etwa 10 Min. ziehen lassen (das Wasser soll nicht kochen!).

3. Inzwischen die Aprikosen abtropfen lassen und mit 5 EL Flüssigkeit aus der Dose fein pürieren. Mit dem Zitronensaft und dem Honig abschmecken. Die Quarkknödel aus dem Wasser heben, abtropfen lassen und mit der Sauce servieren.

🕐 Zubereitung: 20 Min. | Pro Portion ca.: 535 kcal

Für 4 Personen
**500 g Kartoffelknödelteig (aus der
Kühltheke)
200 g Mehl
50 g Hartweizengrieß
2 Päckchen Vanillezucker
1 Ei
Salz
80 g Butter
100 g gemahlener Mohn
Puderzucker zum Bestäuben**

Mohnnudeln

1. Den Kartoffelknödelteig mit dem Mehl, Grieß, Vanillezucker und Ei gründlich verkneten und zu Rollen formen. Stücke abschneiden und zu fingerdicken Nudeln rollen, an den Enden etwas spitzer formen.

2. In einem Topf Salzwasser zum Kochen bringen. Die Nudeln darin etwa 10 Min. bei schwacher Hitze ziehen lassen.

3. Die Butter in einer Pfanne schmelzen, den Mohn dazugeben und kurz braten. Die Kartoffelnudeln mit einem Schaumlöffel aus dem Wasser heben, abtropfen lassen.

4. Die Kartoffelnudeln in die Mohnbutter geben. Vorsichtig umrühren und mit Puderzucker bestäubt servieren.

🕐 Zubereitung: 30 Min. | Pro Portion ca.: 635 kcal

Birnenauflauf mit Nüssen

Für 4 Personen
700 g Birnen
Saft von 1 Zitrone
100 g Walnusshälften oder
gehackte Haselnüsse
1 Päckchen Vanillezucker
40 g Butter
5 Eier
100 g Zucker
75 g Mehl
75 g Speisestärke
1/2 TL Backpulver
Butter für Form

1. Den Backofen auf 180° vorheizen. Eine flache Auflaufform mit Butter ausstreichen. Die Birnen vierteln, schälen, von den Kerngehäusen befreien und in Schnitze schneiden. Mit dem Zitronensaft mischen. Die Walnüsse in Stücke brechen, mit den Birnen und dem Vanillezucker mischen und in die Form geben.

2. Die Butter zerlassen, aber nicht braun werden lassen. Die Eier trennen. Eiweiße mit dem Zucker sehr steif schlagen, die Eigelbe nacheinander unterrühren. Mehl, Speisestärke und Backpulver mischen, mit der zerlassenen Butter unterheben. Die Masse auf dem Obst verteilen.

3. Den Auflauf im Ofen (unten, Umluft 160°) etwa 45 Min. backen, bis er schön gebräunt ist.

Beilage: halbsteif geschlagene Sahne

Tipp

Noch schneller geht es mit Birnenhälften aus der Dose. Nehmen Sie am besten ungezuckerte Früchte oder reduzieren Sie die Zuckermenge im Teig.

🕐 Zubereitung: 30 Min.

🕐 Backzeit: 45 Min.

Pro Portion ca.: 685 kcal

Backäpfel mit Vanilleschmand

Für 4 Personen
2 EL Rosinen
100 ml Cidre oder Apfelsaft
nach Belieben 2 EL Calvados
50 g grob geriebene Mandeln
1 Eiweiß
1 EL Zucker
1/2 TL Zimtpulver
8 kleine feste Äpfel
2 EL Zitronensaft
1/2 EL Butter
200 g Schmand
100 ml Milch
2 Päckchen Vanillezucker

1. Die Rosinen mit dem Cidre oder Apfelsaft und eventuell dem Calvados mischen und kurz stehen lassen. Den Backofen auf 180° (Umluft 160°) vorheizen.

2. Die Mandeln in einer Pfanne ohne Fett goldgelb rösten. Das Eiweiß mit dem Zucker steif schlagen, die Mandeln, die abgetropften Rosinen und den Zimt untermischen.

3. Die Äpfel waschen und abtrocknen, die Kerngehäuse mit einem

Apfelausstecher entfernen. Die Äpfel innen mit dem Zitronensaft beträufeln und nebeneinander in eine feuerfeste Form stellen. Die Mandelmischung einfüllen. Die Butter in Flöckchen auf den Äpfeln verteilen.

4. Die Äpfel im heißen Ofen (Mitte) etwa 20 Min. backen, bis sie weich sind. Inzwischen den Schmand mit der Milch und dem Vanillezucker verrühren. Zu den heißen oder lauwarm abgekühlten Äpfeln servieren.

🕐 Zubereitung: 25 Min.

🕐 Backzeit: 20 Min.

Pro Portion ca.: 400 kcal

Für 4 Personen
1 Vanilleschote
1 l Milch
1 Prise Salz
125 g Grieß
60 g Zucker
1 sehr frisches Ei
500 g Erdbeeren
1 TL Zitronensaft
2 EL Puderzucker

Vanilleflammeri mit Erdbeersalat

1. Die Vanilleschote der Länge nach aufschlitzen und das Mark mit dem Messerrücken herauskratzen. Das Mark und die Schote mit der Milch und dem Salz in einen Topf geben und zum Kochen bringen.

2. Die Hitze klein schalten, den Grieß und den Zucker zur Milch geben und unter regelmäßigem Rühren in etwa 8 Min. garen. Lauwarm abkühlen lassen, die Vanilleschote entfernen.

3. Das Ei trennen. Das Eigelb unter den Brei rühren, das Eiweiß steif schlagen und unterziehen. Vier Förmchen kalt ausspülen und den Flammeri einfüllen. 12 Std. kühl stellen.

4. Zum Servieren die Erdbeeren waschen, entkelchen und vierteln. Zitronensaft mit Puderzucker verrühren und unter die Erdbeeren mischen. Die Flammeris vom Rand der Förmchen lösen, auf Teller stürzen und mit den Beeren umlegen.

🕐 Zubereitung: 25 Min.

🕐 Kühlzeit: 12 Std.

Pro Portion ca.: 400 kcal

Für 4 Personen
2 Pfirsiche
1 Banane
1 Birne
1 Apfel
150 g kernlose Weintrauben
1 EL Zitronensaft
1 EL Honig
50 g Kokosflocken
200 g Sahne
1 Päckchen Vanillezucker

Obstsalat mit Kokossahne

1. Die Pfirsiche waschen, halbieren, entkernen und in Spalten schneiden. Die Banane schälen und in Scheiben schneiden. Die Birne und den Apfel waschen, vierteln und von den Kerngehäusen befreien. Die Viertel schälen und in Spalten schneiden. Die Trauben waschen und abzupfen.

2. Den Zitronensaft mit dem Honig mischen und unter die Früchte rühren. Die Kokosflocken in einer trockenen Pfanne bei mittlerer Hitze rösten, bis sie goldgelb sind. Abkühlen lassen.

3. Die Sahne mit dem Vanillezucker steif schlagen, die Kokosflocken unterheben. Den Obstsalat auf Dessertschälchen verteilen, mit der Kokossahne garnieren und servieren.

Tipp

Noch aromatischer wird die Kokossahne, wenn man etwas Kokosmilch aus der Dose (vom dicken Teil) untermischt. Wer mag, kann auch noch etwas stärker süßen.

🕐 Zubereitung: 25 Min.

Pro Portion ca.: 355 kcal

Kirsch-Mascarpone-Creme

Für 4 Personen
1/2 unbehandelte Zitrone
250 g Mascarpone
150 g Sahne
50 g Zucker
1 TL Kakaopulver
1 Prise Zimtpulver
1 Glas Schattenmorellen
(370 g Abtropfgewicht)
2 EL Schokoladenraspel

1. Die Zitronenhälfte heiß abwaschen und abtrocknen. Die Schale fein abreiben, den Saft auspressen. Den Mascarpone mit der Zitronenschale und dem Saft verrühren.

2. Die Sahne mit dem Zucker steif schlagen. Die Hälfte davon unter die Creme rühren, den Rest mit dem Kakao und dem Zimt mit einem Schneebesen vorsichtig unterheben. Die Kirschen abtropfen lassen.

3. Die Kirschen und die Creme lagenweise in Dessertgläser füllen. Mit den Schokoladenraspeln bestreuen und servieren.

Tipp

Die Creme schmeckt auch mit frischen Beeren, z. B. Himbeeren oder Erdbeeren sehr gut. Die Früchte leicht zuckern und kurz ziehen lassen, dann mit der Creme einschichten.

Zubereitung: 15 Min. | Pro Portion ca.: 575 kcal

Gebratene Bananen mit Orangensauce

Für 4 Personen
6 Bananen
125 g Sahne
2 Päckchen Vanillezucker
1/2 unbehandelte Zitrone
2 Orangen
2 EL Butter
4 Kugeln Vanilleeis

1. Die Bananen schälen und der Länge nach halbieren. Die Sahne mit 1 Päckchen Vanillezucker steif schlagen.

2. Die Zitronenhälfte heiß abwaschen und abtrocknen. Die Schale fein abreiben. Die Zitronenhälfte und die Orangen auspressen.

3. Die Butter in einer Pfanne erhitzen, die Bananenhälften darin bei mittlerer Hitze etwa 2 Min. braten.

Wenden und nochmals etwa 1 Min. braten. Zitronen- und Orangensaft mit dem übrigen Vanillezucker und der Zitronenschale dazugeben und bei starker Hitze einkochen lassen.

4. Die Bananen auf Tellern anrichten, jeweils mit 1 Kugel Eis und der Vanillesahne garnieren und sofort warm servieren.

Beilagen: Waffelröllchen oder Löffelbiskuits

Zubereitung: 15 Min. | Pro Portion ca.: 360 kcal

Schnelle Schokomousse

Für 4 Personen
**200 g Vollmilch- oder Noisette-
schokolade**
**2 EL Grand Marnier (Orangen-
likör) oder Cassis (Johannisbeer-
likör) nach Belieben**
1 Vanilleschote
250 g Sahne

1. Die Schokolade in Stücke brechen und in eine hitzefeste Tasse
geben. Ins heiße Wasserbad stellen und
darin bei schwacher Hitze schmelzen
lassen. Dabei nach Belieben den Grand
Marnier oder Cassis dazugeben und
die Schokolade immer mal wieder
durchrühren, damit sie gleichmäßig
schmilzt. Handwarm abkühlen lassen.

2. Die Vanilleschote der Länge
nach aufschlitzen und das Mark
mit dem Messerrücken herauskratzen.
Die Sahne steif schlagen, dabei das
Vanillemark untermischen. Einen Teil
der Sahne unter die Schokolade
rühren, den Rest mit dem Schneebesen

unterheben. Die Schokomousse in
Dessertschälchen oder Kelchgläser
füllen und für 2–3 Std. in den Kühlschrank stellen.

Tipp

Wer mag, garniert die Mousse mit
ein paar Beeren, etwas Sahne und
Schokoladenraspeln.

🕐 Zubereitung: 15 Min.

🕐 Kühlzeit: 2–3 Std.

Pro Portion ca.: 485 kcal

Pfirsich-Tiramisu

Für 6 Personen
**1 kleine Dose Pfirsichhälften
(schwach gesüßt, 250 g Abtropfgewicht)**
1/2 unbehandelte Zitrone
2 EL flüssiger Honig
250 g Mascarpone
150 g Sahne
2 Päckchen Vanillezucker
150 g Löffelbiskuits
1/8 l kalter Espresso
Kakaopulver zum Bestäuben

1. Die Pfirsiche abtropfen lassen
und in sehr kleine Würfel
schneiden. Die Zitronenhälfte heiß
waschen und abtrocknen, die Schale
fein abreiben, den Saft auspressen.
Pfirsiche mit Zitronenschale und -saft
sowie dem Honig verrühren.

2. Mascarpone mit Sahne und
Vanillezucker verrühren. Eine
eckige Form mit einer Lage Löffelbiskuits auskleiden, mit Espresso tränken.
Mit Pfirsichen und einer Schicht Mas-
carponecreme bedecken. Wieder Löffelbiskuits, Espresso und Pfirsiche
darauf geben, mit der restlichen Mas-
caponecreme abschließen.

3. Die Tiramisu 4–8 Std. kühl stellen. Vor dem Servieren das
Kakaopulver in ein kleines Sieb geben
und die Oberfläche damit bestäuben.

🕐 Zubereitung: 25 Min.

🕐 Kühlzeit: 4–8 Std.

Pro Portion ca.: 465 kcal

128

Clever kochen

Gut planen und gezielt einkaufen

Wer jeden Tag kocht, und das nicht nur für sich alleine, sondern für die ganze Familie, tut sich leichter, wenn er nicht täglich aufs Neue überlegen muss, was er auf den Tisch bringen will. Machen Sie sich deshalb einen Plan für die ganze oder wenigstens für die halbe Woche. So können Sie haltbare Zutaten auf einmal einkaufen und müssen nur zwischendurch mal Frisches besorgen. Spart Zeit, Nerven und letztendlich auch Geld!

Angebote nutzen

Blasse Schnitzel im Supermarkt kaufen, weil sie da besonders wenig kosten? Nicht nötig, denn auch beim (Bio-)Metzger ist immer wieder etwas anderes im Angebot. Ganz nebenbei bekommt man dort in der Regel eine bessere Qualität und Beratung und muss nicht in Kauf nehmen, Fleisch von Tieren aus Massentierhaltung zu bekommen. Zugreifen und gleich zubereiten oder einfrieren! Das Gleiche gilt für Gemüse und Obst, das gerade Saison hat (siehe Seite 134/135 »Das ist jetzt im Angebot«). Einfach flexibel sein und ein Gericht aus dem Buch auch einmal mit einem anderen Gemüse zubereiten, wenn das gerade günstig zu haben ist. So sparen Sie Geld, ohne auf Genuss verzichten zu müssen.

Größere Mengen kochen

Wer einmal Pellkartoffeln mit Frühlingsquark machen möchte und einmal Bratkartoffeln als Beilage einplant, kocht gleich die doppelte Menge an Kartoffeln. Wer Tellerfleisch oder einen saftigen Braten serviert, gart gleich ein größeres Stück und bereitet aus dem Rest am nächsten oder übernächsten Tag ein neues Gericht zu, das die »Resteverwertung« noch nicht einmal erkennen lässt. Oder friert den Rest ein und hat die Basis für ein Essen, wenn's mal besonders schnell gehen muss. Auf den folgenden Seiten und auch direkt bei den Rezepten finden Sie dafür viele Tipps, durch die Sie wertvolle Zeit und Energie sparen.

Planen, einkaufen, Vorräte anlegen

Gut geplant ...

Überlegen Sie, was Sie nächste Woche auftischen möchten, und erstellen Sie einen Plan für die (halbe) Woche. Jetzt geht es an den Einkaufszettel: Ordnen Sie ihn nach Zutatengruppen, fassen also alles, was es beim Metzger gibt, was Sie im Gemüseladen kaufen möchten und was Sie am besten im Supermarkt bekommen, zusammen. Beim Einkaufen selbst streichen Sie das, was schon im Einkaufswagen gelandet ist, auf dem Einkaufszettel ab. Vermeidet Frust zu Hause, weil man doch wieder eine Kleinigkeit vergessen hat, die man aber so dringend braucht, dass man gleich noch mal los muss.

Oft gesagt, aber immer noch wahr: Nicht hungrig zum Einkaufen gehen, denn dann liegt an der Kasse ziemlich sicher mehr auf dem Band, als man eigentlich kaufen wollte.

Und: Große Packungen sind fast immer günstiger als kleine. Grund genug, um Lebensmittel, die sich gut über längere Zeit lagern lassen, in größeren Mengen zu kaufen. Zusatznutzen: Mit einem überlegten Vorrat im Haus können Sie manche Gerichte aus diesem Buch sogar einmal spontan zubereiten.

Das sollten Sie möglichst immer im Haus haben:

Im Vorratsschrank:
Ananas (Dose)
Aprikosen (Dose)
Essig
Gemüse- und/oder Fleischbrühe als Würfel oder Granulat
Geschälte Tomaten (Dose)
Gewürze
Gewürzgurken
Grieß
Kapern
Linsen
Mais (Dose oder Glas)
Meerrettich (Glas oder Tube)
Mehl

Nudeln in verschiedenen Ausführungen (lange wie z. B. Spaghetti, kurze wie Penne und Fusilli)
Öl
Oliven
Pfirsiche (Dose)
Reis (auch Milchreis für Süßspeisen)
Rosinen
Rote Bohnen (Dose)
Salz
Semmelbrösel
Senf
Tomatenmark
Tunfisch (Dose)
Zartbitter-Schokolade für Desserts
Zucker

Im Keller oder in der kühlen Speisekammer:
Kartoffeln
Obst, das sich lagern lässt, z. B. Äpfel
Zwiebeln und Knoblauch

Im Kühlschrank und Tiefkühlfach
Blätterteig (TK)
Butter
Eier
Hartkäse (außer Parmesan noch einer, den man aufs Brot legen oder für einen Salat verwenden kann)
Milchprodukte wie Milch, Quark und Joghurt
Pesto (gekauft oder noch besser selbst gemacht; Seite 136)
TK-Gemüse wie Brokkoli, Spinat und Erbsen

Einfrieren und einmachen

Fleisch lässt sich problemlos einfrieren. Deshalb können Sie Angebote beim Metzger auch nutzen, wenn Sie das Fleisch nicht sofort oder nicht ganz verarbeiten. Am besten gleich in passende Portionen teilen, in Gefrierbeutel füllen und ins Tiefkühlgerät legen. Frisch durchgedreht und gleich nach Hause transportiert, kann man auch Hackfleisch einfrieren. Geben Sie es flach in den Beutel, dann taut es später schneller auf.

Ebenfalls gut einfrieren lassen sich Butter, Hartkäse und Brot, Pesto (Seite 136) und Brühen (Seite 72).

Wer bei Gemüse und Obst die Saison beachtet (siehe Seite 134/135, »Das ist jetzt im Angebot«), kann eine Menge sparen. Alles, was man einfrieren kann, jetzt in größeren Mengen kaufen.

Das eignet sich besonders gut:
• Tomaten, gehäutet und gewürfelt, ermöglichen feine Saucen auch im Winter
• Brokkoli oder Blumenkohl in Röschen, Möhren und Sellerie in Würfeln, enthülste Erbsen, grüne Bohnen, Zucchini oder Paprika, kurz blanchiert und gut abgeschreckt
• Kräuter, gewaschen und fein gehackt, in kleinen Behältern eingefroren
• Beeren, nebeneinander auf einem Tablett oder Teller vorgefroren und dann erst in Beutel gefüllt, damit man auch kleinere Mengen entnehmen kann
• Zwetschgen und Aprikosen, entsteint und halbiert
• Äpfel, Birnen oder Quitten, zu Mus gekocht und eingefroren.

Greifen Sie außerdem zu, wenn Früchte und Gemüse Saison haben, die man einkochen kann! Das macht sich in Zeiten, wo das Angebot eher klein ist, im Geldbeutel bemerkbar.

Fleisch kaufen

Dass es sich lohnt, Angebote des (Bio-)Metzgers zu nutzen, wurde schon erwähnt. Gerade beim Fleisch sind übrigens die billigeren Stücke nicht unbedingt die schlechteren. In der Regel haben sie mehr Bindegewebe, können daher nicht so gut kurz gebraten oder gegrillt werden. Vielmehr brauchen sie eine längere Garzeit, um weich zu werden, eignen sich dadurch aber bestens für Schmorgerichte. Da diese zwar Aufsicht brauchen, aber nach dem Anbraten nicht mehr viel Arbeit machen, spricht nichts dagegen, sie öfter mal auf den Tisch zu bringen.

Reste, ja bitte!

Pellkartoffeln mit Quark? Lecker! Noch besser ist es, wenn Sie gleich die doppelte Kartoffelmenge kochen und in den folgenden Tagen aus dem Rest Bratkartoffeln oder eine der Kartoffelpfannen aus diesem Buch (siehe Seite 46 und 48) zubereiten. Gebratene Kartoffeln schmecken ohnehin viel besser, wenn sie aus Pellkartoffeln vom Vortag zubereitet werden.

Ähnlich verhält es sich mit großen Fleischstücken: Sie gelingen besser, wenn man ein größeres Stück zubereitet, egal, ob das Fleisch geschmort, gekocht oder im Ofen gebraten wird. Reste schmecken kalt in dünnen Scheiben (z. B. mit Chutney, Seite 136), aber auch als komplett neues Gericht (z. B. Fleisch im Teig, Seite 72). Die Reste kann man auch tiefkühlen und ein paar Wochen später zu einem neuen Gericht verarbeiten.

Wenn ungewollt Reste bleiben

Alle wollten pünktlich zum Essen kommen und dann steht man da und wartet. Und mit einem die Nudeln, die schon nach kurzer Zeit ziemlich schlapp machen. Also besser neue kochen und sich für die bereits gegarten etwas anderes überlegen.

Wie wäre es mit einem **Nudelomelett:** Zwiebeln, klein gewürfelte Gemüse und ein paar Kräuter in Öl anbraten, die Nudeln dazugeben und kurz mitbraten. 6 Eier mit 50 ml Milch oder Sahne verquirlen, würzen und darüber gießen. Bei schwacher Hitze stocken lassen, wenden und fertig braten. In Tortenstücke schneiden und mit einem gemischten Salat servieren.

Oder einen **Nudelsalat** zubereiten: Tomaten, Paprika und/oder Gurken waschen oder schälen und fein würfeln. Mit 1 Bund Frühlingszwiebeln in feinen Ringen unter die Nudeln mischen. Mit einer Sauce aus Balsamico bianco oder Apfelessig, Senf und Olivenöl abschmecken und mit frisch gehackten Kräutern bestreut servieren. Gut schmeckt auch ein **Auflauf** aus Nudelresten. Schinken fein würfeln, Gemüse nach Wahl ebenfalls klein schneiden und mit den Nudeln mischen. 3–4 Eier, 150 g Sahne und 100 g frisch geriebenen Hartkäse verrühren und untermischen. Würzen und im Ofen bei 180° (Umluft 160°) etwa 40 Min. backen.

Reisreste lassen sich mit Gemüse in der Pfanne oder im Wok braten (Rezept Seite 56). Man kann sie aber ähnlich wie Nudeln, nur mit etwas mehr Flüssigkeit, in einen Auflauf verwandeln – pikant oder auch mal süß.

Gemüsereste können Sie mit einer feinen Vinaigrette am nächsten Tag als Salat servieren. Oder eine Suppe daraus kochen: Mit Zwiebeln und Knoblauch in Butter andünsten, mit Brühe aufgießen und erhitzen. Fein pürieren und mit Sahne oder Crème fraîche, Gewürzen und Kräutern verfeinern.

Heiße Wellen, die es bringen

Falls Sie eine Mikrowelle besitzen, sollten Sie sie nicht nur zum Aufwärmen benutzen. Sie kann nämlich viel mehr, und das in unglaublich kurzer Zeit:

• Schokolade schmelzen: Schokolade in Stücke brechen, in eine Schüssel geben. Bei 600 Watt in etwa 1 1/2 Min. flüssig werden lassen.

• Mandeln häuten: 100 g Mandeln mit heißem Wasser in eine Schüssel geben und bei etwa 600 Watt 1 1/2 Min. erhitzen. Kurz stehen lassen, kalt abschrecken und wie gewohnt aus den Häutchen drücken.

• Gelatine auflösen: Eingeweichte Gelatineblätter tropfnass in ein Schälchen geben, bei etwa 600 Watt 1/2 Min. erwärmen.

• Honig flüssig machen: Viele Sorten werden mit der Zeit fest. Im offenen Glas bei etwa 180 Watt in 3–4 Min. geschmeidig werden lassen.

• Käse temperieren: Direkt aus dem Kühlschrank hat Käse nicht sein volles Aroma. Eine Käseplatte anrichten und bei Auftaustufe für etwa 1/2 Min. in die Mikrowelle geben.

• Teller anwärmen: Teller mit etwas Wasser beträufeln und bei 600 Watt etwa 1 Min. erwärmen.

Geräte, die Zeit sparen

Die Vorbereitung der Zutaten, besonders bei größeren Mengen, kostet oft mehr Zeit, als die eigentliche Zubereitung. Mit einer **Küchenmaschine,** die Mixen, Raspeln, Hobeln und Teige kneten kann, sind Sie in jedem Fall gut bedient. Kleine Mengen zerkleinert der **Blitzhacker** noch besser. Er schlägt auch einmal eine Sauce auf oder eine Mayonnaise cremig. Ein **Zwiebelhacker** kann mehr als nur Zwiebeln zerkleinern, zum Beispiel Gemüse in feine Würfel teilen und Nüsse hacken. Eine **Käsereibe,** die unbedingt gut in der Hand liegen und sich leicht bedienen lassen sollte, ist eine sinnvolle Anschaffung. Mit ihr kann man auch Parmesan frisch reiben. Eine **Knoblauchpresse,** die sich leicht reinigen lassen sollte, ist in jedem Haushalt ein Muss. Ganz wichtig sind außerdem scharfe **Messer** und eventuell ein **Wetzstahl,** damit sie es auch bleiben und gut schneiden.

Das ist jetzt im Angebot

Januar/Februar

Alles, was als Knolle wächst – etwa Knollensellerie und Kartoffeln, alle Kohlarten von Rosenkohl bis Wirsing, aber auch Feldsalat, Chinakohl, Lauch und Möhren sind jetzt noch im Angebot. Außerdem gibt's Äpfel, Birnen, Schwarzwurzeln, Orangen und andere Zitrusfrüchte, Chicorée, Endiviensalat, Feldsalat, Sellerie, Avocados und Exoten wie Mangos oder Süßkartoffeln. Kartoffeln, Möhren, Rucola und andere Kräuter gibt es ganzjährig. Aber: Die ganz jungen Kartoffeln schmecken oft noch wässrig und haben wenig Aroma, zu lange gelagerte Möhren werden süß oder fad. Insgesamt gilt: Zur richtigen Jahreszeit ist Obst und Gemüse besonders schmackhaft, kommt vorwiegend aus der Region, was lange Transportwege erspart. Und preisgünstiger ist es obendrein!
Auch wenn sie locken: Erdbeeren besser liegen lassen, sie sind noch teuer und schmecken nicht wirklich gut!

Ein paar Beispiele für Rezepte, die zur Jahreszeit passen:
Kartoffelpüree mit Wirsing und Speck (Seite 44), Fleisch-Lauch-Pflanzerl mit grünem Püree (Seite 66), Folienkartoffeln mit bunten Hähnchenragout (Seite 90), Zwiebelkuchen mit Lauch (Seite 94), Birnenauflauf mit Nüssen (Seite 122)

März/April

Beim Gemüsehändler wird's langsam bunter: Radieschen knabbern, Kohlrabi kaufen und die ersten neuen Kartoffeln genießen. Unbedingt auch mal am ersten Spargel erfreuen, der jetzt langsam kommt. Einfach gut schälen, kochen und mit Kartoffeln, Schinken und brauner Butter servieren.
Außerdem jetzt im Angebot: Bärlauch und Brunnenkresse, Blumenkohl, Spinat, kleine Artischocken, Löwenzahn, die letzten Orangen, Grapefruits, Fenchel, Chicorée, Rhabarber und Kiwis.

Ein paar Beispiele für Rezepte, die zur Jahreszeit passen:
Neue Kartoffeln mit Frühlingsquark (Seite 31), Penne mit Kohlrabi und Pesto (Seite 36), Tellerfleisch mit Kohlrabigemüse (Seite 72), Gratinierter Blumenkohl (Seite 96), Grießschnitten mit Rhabarberkompott (Seite 118)

Mai/Juni

Jetzt Erdbeeren kaufen und eventuell Erdbeermarmelade kochen (Seite 137)! Und immer noch Spargel essen, den es bis Juni gibt. Jetzt schmecken sie besonders gut: Matjes!
Außerdem im Angebot: frische grüne Erbsen und dicke Bohnen, Frühkartoffeln, Blattsalate in vielen Variationen, Radieschen, Spinat, Rhabarber und süße Kirschen.
Rucola gibt es zwar ganzjährig, aber ab jetzt und über den Sommer schmeckt er am besten, weil er auch mal Tageslicht abbekommt. Dann hat er außerdem weniger Schadstoffe, vor allem Nitrit, weil sich das durch das Licht abbaut.

Ein paar Beispiele für Rezepte, die zur Jahreszeit passen:
Gemischter Salat mit gebratenem Huhn (Seite 8), Matjessalat mit Apfel, Gurke und Kartoffeln (Seite 12), Rucolaschmarren mit Tomatensalat (Seite 40), Panierte Fischfilets mit Kartoffel-Rucola-Salat (Seite 84), Gratinierte Erdbeeren (Seite 113), Vanilleflammeri mit Erdbeersalat (Seite 124)

Juli/August

Jetzt Pesto machen, Beeren einfrieren und viel Salat essen! Und nicht nur Basilikum wächst jetzt besonders gut. Auch andere frische und aromatische Kräuter wie Petersilie, Rosmarin, Thymian oder Oregano kaufen und gehackt einfrieren oder trocknen und in kleinen dunklen Gläsern aufbewahren. Das gibt es jetzt im Überfluss: Auberginen, grüne Bohnen, Brokkoli, Salat in allen Variationen, Fenchel, Gurken, Paprikaschoten, Pilze (etwa Pfifferlinge und Steinpilze) aus der Umgebung, Sellerie, Tomaten, frühe und zarte Kohlköpfe, Zucchini (auch mit Blüten) und Zuckermais. Außerdem haben Mittelmeerkräuter wie Salbei, Rosmarin und Co. jetzt besonders viel Sonne getankt und Aroma gewonnen.

Beim Obst: Melonen, Kirschen, Johannisbeeren, Pfirsiche und Nektarinen, Aprikosen, Himbeeren, Stachelbeeren und die ersten Brombeeren und Frühzwetschgen.

Ein paar Beispiele für Rezepte, die zur Jahreszeit passen:
Tortellini mit Brokkolipüree (Seite 36), Paprikaschoten mit Schinken-Reis-Füllung (Seite 52), Rosinenreis mit Zucchini und Paprika (Seite 54), Gratinierte Auberginen mit Käse (Seite 108), Quarkauflauf mit Zwetschgen (Seite 112), Schinken mit Melonen-Dressing (Seite 139)

September/Oktober

Die Herbstfrüchte sind da, echt günstig und einfach klasse im Aroma. Zwetschgen halbieren und einfrieren, ein paar Äpfel im Keller einlagern oder zu Mus kochen (siehe Seite 50) und einfrieren. Nach Birnensorten fragen, die sich länger halten.
Und die haben jetzt auch noch Saison: Die Gemüsesorten aus den Vormonaten sind zum Teil noch reichlich im Angebot, dazu gibt es immer noch Pilze, vor allem Steinpilze und Pfifferlinge, und es kommen Kürbisse, Rote Beten, der erste Rosenkohl, Schwarzwurzeln, Spinat und alle Kohlsorten (auch mal Zuckerhut als Salat versuchen!), aber auch der schwarze Winterrettich auf den Markt.
Beim Obst dominieren neben Äpfeln, Birnen und Zwetschgen Weintrauben in verschiedenen Sorten. Außerdem gibt es Feigen und die ersten Quitten.

Ein paar Beispiele für Rezepte, die zur Jahreszeit passen:
Kürbissuppe mit gerösteten Brotwürfeln (Seite 26), Kartoffel-Möhrenpuffer mit Apfelmus (Seite 50), Cevapcici mit Kürbisgemüse (Seite 66), Auberginen-Joghurt-Auflauf (Seite 98), Birnenreis mit Zimt (Seite 112), Apfelpfannkuchen (Seite 116)

November/Dezember

Alle Kohlsorten haben zum Jahresende Hochsaison, Rosenkohl und Grünkohl schmecken jetzt erst richtig gut und Schwarzwurzelfans kommen ganz auf ihre Kosten. Dazu: Chicorée, Chinakohl und Feldsalat. Den ganzen Winter über bekommt man Lagergemüse wie Möhren, Knollensellerie, Lauch, Zwiebeln und alle Kohlsorten mit festen, geschlossenen Köpfen.
Jetzt kommen außerdem die richtig guten Zitrusfrüchte auf den Markt, es gibt immer noch Feigen und frische Nüsse, die man sich am besten selbst knackt und gleich knabbert oder aber in der Schale lagert, bis man sie zum Backen braucht.
Außerdem in der kalten Jahreszeit besonders gut: frische Muscheln.

Ein paar Beispiele für Rezepte, die zur Jahreszeit passen:
Möhrencremesuppe mit Orange (Seite 7), Bratwürste mit Kartoffel-Möhren-Gemüse (Seite 64), Huhn mit Wintergemüse (Seite 70), Kartoffel-Rosenkohl-Gratin (Seite 96), Gratinierter Chicorée (Seite 108), Gebratene Bananen mit Orangensauce (Seite 126)

Delikatessen für den Vorrat – selbst gemacht statt teuer gekauft

Klar können Sie alle diese Köstlichkeiten auch fertig kaufen. Auf Märkten, in Feinkostläden, ja sogar in Supermärkten. Aber Delikatessen haben ihren Preis, der schnell ein Loch in die Haushaltskasse reißt. Wer eine Familie zu bekochen hat, ist deshalb besser beraten, einiges selbst zu machen. Außerdem schmeckt es »aus eigener Herstellung« doch noch mal so gut!

Pesto

Mit der feinen Paste haben Sie nicht nur immer eine schnelle Nudelsauce zur Hand, sie würzt auch Salate (siehe Seite 18) und leckere Vorspeisen (Seite 138). Und so geht's:
Die Blätter von 4 Bund Basilikum abzupfen, eventuell mit Küchenpapier abreiben. Zusammen mit 100 g Pinienkernen, 100 ml Olivenöl und, wenn Sie Knoblauch mögen, 2 geschälten Knoblauchzehen in der Küchenmaschine oder im Blitzhacker fein zerkleinern. 50 g frisch geriebenen Parmesan oder Pecorino untermischen und das Pesto mit Salz und Pfeffer abschmecken. In ein sauberes Schraubglas füllen und mit einer dünnen Schicht Olivenöl bedecken. Wenn Sie diese Schutzschicht immer wieder nachfüllen, können Sie das Pesto gut 3–4 Wochen im Kühlschrank aufbewahren.

Es muss übrigens nicht immer Basilikum sein: Versuchen Sie stattdessen mal Rucola oder Bärlauch und die Pinienkerne lassen sich auch gut durch Mandeln oder Sonnenblumenkerne ersetzen.

Vinaigrette

Möchten Sie nicht auch jeden Tag einen frischen Salat auf den Tisch bringen? Mischen Sie sich die Salatsauce doch auf Vorrat, dann geht's schneller.
1 EL scharfen Senf mit 6 EL Weißweinessig, Aceto balsamico oder Zitronensaft, Salz und Pfeffer verrühren. Wenn sich das Salz gelöst hat, 18 EL Öl (Olivenöl oder neutrales Öl oder auch zwei bis drei Sorten gemischt) gründlich unterschlagen. Nochmals mit Salz und Pfeffer abschmecken und in ein Schraubglas füllen. Die Vinaigrette hält sich im Kühlschrank etwa 2 Wochen frisch. Vor der Verwendung das Glas kräftig schütteln, die benötigte Menge entnehmen und eventuell noch frisch gehackte Kräuter dazugeben.

Kräuteressig und -öle

Kräuter geben Essig und Ölen ein ganz besonderes Aroma, das nicht nur Salaten, sondern auch Fisch- und Geflügelgerichten sowie Gemüse, Suppen und Eintöpfen besondere Würze verleiht.
Die Blättchen von 2 Bund Basilikum oder Bärlauch, 1/2 Bund Thymian oder Rosmarin oder 3–4 Zweige frischen Salbei kurz kalt abspülen und gut trockentupfen. Basilikumblättchen von den Stielen zupfen, Bärlauch grob zerschneiden. Die Kräuterblättchen mit 1 l Weißweinessig in eine Flasche geben, an einem hellen Ort etwa 2 Wochen ziehen lassen, dann absieben und in Flaschen füllen.
Bei Ölen verfahren Sie genauso, sie sollten allerdings eher kühl gelagert werden. Für eine besonders würzige Variante, nämlich Chiliöl, waschen und putzen Sie 4 frische Chilischoten und schneiden sie in Streifen. Mit 1/2 l Olivenöl in eine Flasche füllen und gut verschlossen etwa 2 Wochen an einem kühlen Ort ziehen lassen. Dann absieben und wieder in die Flasche füllen. Oder 1 EL getrocknete Chilischoten fein zerkrümeln, in 1 EL Öl kurz anbraten und dann mit dem übrigen Öl mischen. Ebenfalls mindestens 2 Wochen ziehen lassen, absieben und neu abfüllen.
Chiliöl schmeckt gut auf frisch gebackener Pizza, zu Nudeln und in Suppen und verleiht asiatisch angehauchten Gerichten eine feine Schärfe.

Chutney

Chutneys schmecken köstlich zu Reisgerichten, zu gebratenem und gegrilltem Fleisch und Fisch. Auch zu exotisch gewürzten Linsen oder Kichererbsen. Gute sind ziemlich teuer, deshalb lohnt es sich auf alle Fälle, sie selbst zu machen!

500 g Mango, Tomaten oder Äpfel schälen oder häuten, putzen und in kleine Würfel schneiden. 1 Zwiebel, 4 Knoblauchzehen und 1 grüne oder rote Chilischote schälen oder waschen und fein hacken. 1 EL Butterschmalz oder Öl erhitzen, je 1 TL Kreuzkümmel-, Fenchel- und Senfsamen darin anbraten. Zwiebel, Knoblauch und Chili kurz mitbraten, Früchte oder Tomaten untermischen. 4 EL Zucker, 1 EL Rosinen, 1 TL gemahlene Kurkuma und 2 EL milden Essig dazugeben und alles offen bei schwacher bis mittlerer Hitze etwa 30 Min. kochen lassen, bis die Masse schön sämig ist. Mit Salz abschmecken und in ein sauberes Schraubglas füllen. Verschließen und abkühlen lassen. Ungeöffnet hält sich das Chutney etwa 2 Monate, danach im Kühlschrank aufbewahren.

Konfitüre

Nicht nur für Gartenbesitzer lohnt sich das Selbermachen von Konfitüre wenn Lieblingsfrüchte gerade günstig sind. Hat man Konfitüren früher mit Zucker so lange gekocht, bis sie fest wurden, so geht das heute mithilfe von Gelierzucker ganz schnell und einfach. Der hat den Vorteil, dass man die Früchte nicht mehr völlig zerkochen muss und die Zuckermenge auf die Hälfte reduzieren kann.

In der Regel verarbeitet man 1 kg frische Früchte und bereitet sie je nach Sorte vor. Beeren verlesen, Kirschen, Pflaumen, Pfirsiche und Aprikosen entsteinen. Die Früchte klein schneiden und gut mit dem Gelierzucker mischen. Dann ein paar Stunden stehen lassen, bis die Früchte Flüssigkeit abgeben.

Sie können wählen zwischen Gelierzucker 1:1 (steht auf der Packung und heißt, man nimmt für 1 kg Früchte 1 kg Gelierzucker) oder Gelierzucker 1:2, dann kommen Sie mit nur 500 g Gelierzucker auf 1 kg Früchte aus. Je nachdem wie sauer die Früchte sind, gibt man beim Kochen noch mehr oder weniger Zitronensaft dazu. Nach dem Saftziehen alles unter Rühren zum Kochen bringen und dann etwa 4 Min. kochen lassen. Den Schaum können Sie abschöpfen oder nach dem Kochen wieder unter die Fruchtmasse rühren. Die Konfitüre in saubere, heiß ausgespülte Gläser mit Twist-Off-Deckel füllen, gut verschließen und abkühlen lassen.

Gelee kochen

Sie bevorzugen klare Gelees? Dann brauchen Sie ein wenig mehr Geduld! Dafür ebenfalls 1 kg Früchte vorbereiten, d. h., je nach Sorte nur verlesen oder waschen, entsteinen, entkernen und/oder schälen. Die Früchte in kleine Stücke schneiden und mit 1/4 l (bei sehr saftreichen wie Beeren und Kirschen) bis 1/2 l Wasser (bei eher festeren und härteren Früchten wie Äpfeln und Quitten) zum Kochen bringen. Bei mittlerer Hitze 5–20 Min. (je nach Härte der Früchte) kochen, bis sich reichlich Saft gebildet hat. Ein Sieb mit einem sauberen Tuch auslegen, die Masse hineingießen, abtropfen lassen und den Saft auffangen. Macht man das sanft, lässt man die Masse über Nacht abtropfen, dreht man das Tuch etwas zusammen, bekommt man schneller und eventuell auch mehr Saft, der dann aber leicht trüb ist. Gut geht natürlich auch ein Entsafter. Den Saft abmessen, eventuell mit Wasser auf 1 l auffüllen und mit 1 kg Gelierzucker 1:1 oder 500 g Gelierzucker 1:2 in einem Topf mischen und zum Kochen bringen. Wie die Konfitüre etwa 4 Min. kochen, in Gläser füllen, verschließen und abkühlen lassen.

Süßsauer eingelegter Kürbis

Für etwa 4 Gläser von je 1/2 l Inhalt 1 Stück Kürbis von etwa 1,5 kg von den Kernen, Fasern mit dem weichen Fruchtfleisch befreien, schälen und in etwa 5 cm lange und 2 cm breite Stücke schneiden. 3/4 l Weißweinessig mit 1/4 l Wasser, 2 1/2 EL Salz, 250 g Zucker und 4 getrockneten roten Chilischoten zum Kochen bringen. Den Sud erkalten lassen, in einer Schüssel mit dem Kürbis mischen und zugedeckt etwa 24 Std. ziehen lassen. Kürbis mit dem Sud dann zum Kochen bringen und alles etwa 2 Min. kochen lassen. Kochend heiß in Gläser mit Twist-off-Deckeln füllen und sofort verschließen. Vor dem Öffnen mindestens 1 Woche durchziehen lassen. Der Kürbis hält sich verschlossen und kühl gelagert mindestens 1 Jahr. Statt Kürbis können Sie auch Rote Beten oder Möhren auf diese Art einlegen. Gurken schmecken ebenfalls in diesem Sud, werden aber nicht mitgekocht. Die Gurken einfach im Sud einlegen, dann abgießen und in Gläser füllen. Nur den Sud aufkochen und heiß über die Gurken gießen.

... feine Snacks zum Schluss!

Sie haben mal wieder viel zu tun, für langes Kochen bleibt keine Zeit. Goldrichtig sind da die folgenden Kurzrezepte für schnelle Snacks (jeder reicht für 4 Personen). Und weil sie so gut schmecken, können sie auch gerne mal ein feines Menü einleiten.

Bruschetta

Sie können dafür auch sehr gut Weißbrot vom Vortag verwenden:
4 reife Tomaten waschen und klein würfeln. 1 EL Basilikumblättchen hacken und mit den Tomaten und 4 EL Olivenöl verrühren, mit Salz und Pfeffer abschmecken.
4 große Scheiben italienisches Weiß-brot oder 12 Scheiben Baguette im Backofen bei 250° (Umluft 220°) etwa 4 Min. rösten, bis sie knusprig sind. 2 große Knoblauchzehen schälen und die Brote damit einreiben. Die Toma-ten darauf verteilen.

Käsecrostini

Kommen knusprig und duftend aus dem Ofen. Vielleicht sollten Sie doch gleich ein paar mehr machen?
1 EL weiche Butter mit 1 TL Sardellen-paste aus der Tube verrühren und 12 Scheiben Baguette damit bestrei-chen. 125 g Mozzarella in dünne Scheiben schneiden und darauf legen. Mit Pfeffer übermahlen und im Ofen bei 250° (Umluft 220°) etwa 5 Min. knusprig backen.

Avocadocreme

Dippen macht nicht nur Kindern Spaß! Dip Nummer 1 passt zu Tortilla-chips und Gemüse-Sticks:
1 reife Avocado halbieren, entkernen und schälen. Das Fruchtfleisch mit 3 EL Zitronensaft fein zerdrücken. 1 kleine rote Zwiebel und 1 Knob-lauchzehe schälen und sehr fein hacken. 1 rote Chilischote waschen, putzen und fein schneiden. 1 Tomate waschen und klein würfeln.
Einige Zweige Koriander oder Petersi-lie waschen und trockenschütteln, die Blättchen fein hacken. Alles unter die Avocadocreme mischen, mit Salz und eventuell noch etwas Zitronensaft würzig abschmecken.

Tunfischmousse

Dip Nummer 2 schmeckt gut zu Grissini, zu Gemüse-Sticks oder als Brotaufstrich:
1 Dose Tunfisch (150 g Abtropfge-wicht) zerpflücken, mit 1 EL Mayon-naise und 2 EL Crème fraîche im Mixer fein pürieren. 1/2 Bund Petersi-lie waschen und trockenschütteln, die Blättchen fein hacken. Mit etwa 1/2 EL Zitronensaft und 1 EL kleinen Kapern untermischen und mit Salz und Pfeffer abschmecken.

Tomatensalsa

Jetzt wird's feurig – Dip Nummer 3 passt besonders gut zu Tortillachips:
1 kleine Dose geschälte Tomaten (400 g) abtropfen lassen und klein würfeln. 1 rote oder weiße Zwiebel und 2 Knoblauchzehen schälen und sehr fein hacken.
Zwiebeln und Knoblauch in 1 EL Öl andünsten, die Tomaten dazugeben und bei mittlerer Hitze etwa 10 Min. köcheln lassen. Fein pürieren und mit dem Saft von 1 Limette, etwas Honig, Salz und Chilipulver abschmecken.

Gemüsecarpaccio

Eine Extra-Portion Vitamine für alle Gemüsefans:
2 Kohlrabi, 1 Stück Rettich, 2 Zucchi-ni, 3 dicke Möhren oder 2 junge Rote Beten (eventuell auch 1 Rote Bete und 1 saftige Birne) schälen und in feine Scheiben schneiden oder hobeln. Dachziegelartig auf Tellern ausbreiten, mit Kräutern oder Frühlingszwiebel-ringen bestreuen.
Für die Sauce 1 TL scharfen Senf mit 2 EL Zitronensaft, Salz und Pfeffer ver-rühren. 1 EL Nuss- oder Kürbiskernöl (sind nicht ganz billig, geben aber ein tolles Aroma!) und 3 EL Sonnenblu-men- oder Olivenöl unterschlagen und mit etwa 6 EL Gemüsefond oder -brühe verlängern. Die Sauce über das Gemüse träufeln. Pinienkerne, Son-nenblumenkerne oder Kürbiskerne in einer Pfanne ohne Fett anrösten, bis sie würzig duften. Vor dem Servieren darüber streuen.

Tomaten und Mozzarella mit Pestosauce

Hier kommt das Pesto von Seite 136 zum Einsatz und verfeinert den belieb-ten Klassiker. Schmeckt als Vorspeise oder als sommerliches Abendessen:
2 Beutel Mozzarella (250 g) und 4 große feste Tomaten in dünne Schei-ben schneiden. Käse- und Tomaten-scheiben abwechselnd dachziegelartig

auf Tellern auslegen, leicht salzen und nach Belieben pfeffern.

3 EL Olivenöl mit 2 TL Pesto (falls Sie kein selbst gemachtes im Vorrat haben, geht natürlich auch Pesto aus dem Glas) und 1 EL Balsamico bianco oder Zitronensaft verrühren. Mozzarella und Tomaten mit der Pestosauce beträufeln und mit Basilikumblättchen bestreut servieren.

Schinken mit Melonen-Dressing

Die fruchtige Süße der Melone harmoniert perfekt mit dem Schinken:

250 g Honigmelone schälen, putzen und sehr klein würfeln. 1/2 rote Paprikaschote waschen, putzen und ebenfalls würfeln. Beides mit 2 TL Kapern, der abgeriebenen Schale von 1/2 unbehandelten Zitrone, 3 EL Zitronensaft, Salz und Pfeffer mischen. 4 EL Olivenöl unterschlagen.

Je 2 Scheiben rohen oder gekochten Schinken auf einem Teller anrichten, das Melonen-Dressing darauf verteilen. Mit Basilikum- oder Melisseblättchen garnieren, mit knusprigem Weißbrot servieren.

Krabbencocktail

Geht ganz fix und schmeckt durch Rucola und Tomatenwürfel überraschend neu:

2 Tomaten waschen und würfeln, 1 Bund Rucola verlesen, waschen und fein hacken. Beides vorsichtig mit 200 g abgetropften Garnelen oder Krabben mischen. 3 EL Salatmayonnaise mit 2 EL Crème fraîche und eventuell 1 EL Ketchup verrühren, unter die Krabben mischen. Mit Salz, Pfeffer und Zitronensaft abschmecken und auf Salatblättern anrichten. Dazu passt Toastbrot.

Tunfischbaguette

Appetit auf etwas Warmes, das schön satt macht?

1 Baguette vierteln und jeweils längs aufschneiden. Die unteren Hälften mit je 1–2 EL Remoulade bestreichen. 1 Dose Tunfisch (150 g Abtropfgewicht) abtropfen lassen und zerpflücken. 1/2 Gurke in dünne Scheiben, 2 Zwiebeln in Ringe, 2 Tomaten in Achtel und etwa 100 g Eisbergsalat in Streifen schneiden, mit dem Tunfisch mischen und mit Salz und Pfeffer abschmecken. Auf den unteren Baguettehälften verteilen und mit je 2–3 dünnen Scheiben Gouda belegen. Die belegten Baguettes und die anderen Hälften im Backofen bei 250° (Umluft 220°) etwa 4 Min. backen bzw. rösten, bis alles heiß ist und der Käse leicht schmilzt. Zusammenklappen und warm essen.

Croque Monsieur

4 Baguettebrötchen halbieren. 4 EL weiche Butter mit etwas scharfem Senf verkneten und auf die unteren Hälften streichen. Je 1 Scheibe Hartkäse (Gruyère, Bergkäse oder Appenzeller) auf die unteren Brötchenhälften legen, mit je 1 Scheibe gekochtem Schinken und 1 weiterer Käsescheibe bedecken. Die Brötchen nebeneinander auf das Backblech legen, im heißen Backofen bei 250° (Umluft 220°) etwa 5 Min. backen, bis sie schön heiß sind und der Käse schmilzt. Zusammenklappen und heiß essen.

Gefülltes Fladenbrot

200 g Schafkäse (Feta) zerkrümeln und mit 4 EL Joghurt, 2 gehackten eingelegten Peperoni, 2 gepressten Knoblauchzehen, 2 in Ringe geschnittenen Frühlingszwiebeln und 1/2 TL zerrebeltem getrocknetem Thymian mischen. Mit Pfeffer, edelsüßem Paprikapulver und eventuell wenig Salz würzen. 1 Fladenbrot mit Sesam vierteln und jeweils aufschneiden. Die unteren Hälften mit der Käsemasse bestreichen. Alle Brotstücke im heißen Ofen bei 250° (Umluft 220°) etwa 5 Min. backen, bis der Käse leicht gebräunt ist. 1 Fleischtomate waschen und in Scheiben schneiden. Die Schafkäse-Brote damit belegen, mit den übrigen gerösteten Brotstücken bedecken und heiß essen.

Strammer Max

Der Klassiker, den schon Generationen von Müttern für ihre Lieben zubereitet haben:

2 EL weiche Butter mit 2 TL scharfem Senf und 1 EL Schnittlauchröllchen verrühren und 4 Scheiben Mischbrot damit bestreichen. 200 g rohen Schinken vom Fettrand befreien und in Streifen schneiden (stattdessen schmecken auch dünne Leberkäse- oder Fleischwurstscheiben). 2 Gewürzgurken abtropfen lassen und klein würfeln. Mit dem Schinken auf den Broten verteilen.

In einer Pfanne 1 EL Butter zerlassen, 4 Eier hineinschlagen und bei mittlerer Hitze fest werden lassen. Die Spiegeleier mit Salz, Pfeffer und etwas Paprikapulver würzen und auf die Brote setzen. Wer mag, garniert noch mit Zwiebelringen und/oder Tomatenscheiben.

Damit Sie Rezepte mit bestimmten Zutaten noch schneller finden können, stehen in diesem Register zusätzlich auch beliebte Zutaten wie Kartoffeln, Tomaten oder Schinken – ebenfalls alphabetisch geordnet und halbfett gedruckt – über den entsprechenden Rezepten.

Register von A–Z

Impressum

Programmleitung: Doris Birk
Leitende Redakteurin:
Birgit Rademacker
Redaktion: Sabine Sälzer
Assistenz: Tanja Germann
Lektorat: Margit Proebst
Schlusskorrektur: Mischa Gallé
Umschlaggestaltung: Independent
Medien Design
Fotografie: Michael Brauner
Produktion: Susanne Mühldorfer
Satz: Johannes Kojer, München
Reproduktion: Fotolito Longo, Bozen
Druck: Appl, Wemding
Bindung: Conzella, Pfarrkirchen

ISBN 3-7742-6143-1

Auflage	4.	3.	2.	1.
Jahr	2007	06	05	04

Die Autorin

Cornelia Schinharl interessiert sich für
alles, was mit Essen und Trinken zu
tun hat. Seit über 15 Jahren bringt sie
ihren Erfahrungsschatz als freie Food-
Journalistin und Kochbuchautorin zu
Papier. Ihr Ideenpotenzial scheint
unerschöpflich, auch für dieses Buch
hat sie wieder eine Reihe von Kreatio-
nen entwickelt, die jeden Gaumen
betören werden.

Der Fotograf

Michael Brauner arbeitete nach Abschluss der Fotoschule in Berlin als
Fotoassistent bei namhaften Fotogra-
fen in Frankreich und Deutschland,
bevor er sich 1984 selbstständig mach-
te. Sein individueller, atmosphärenrei-
cher Stil wird in der Werbung ebenso
wie in vielen bekannten Verlagen sehr
geschätzt. In seinem Studio in Karls-
ruhe setzt er die Rezepte zahlreicher
GU-Titel stimmungsvoll ins Bild.

Titelbild: Kartoffel-Paprika-Pfanne,
Rezept S. 46 (mit geschmorten Hüh-
nerbeinen serviert, siehe Tipp)

Das Original
mit Garantie

Ihre Meinung ist uns wichtig. Deshalb
möchten wir Ihre Kritik, gerne aber
auch Ihr Lob erfahren. Um als führen-
der Ratgeberverlag für Sie noch besser
zu werden. Darum: Schreiben Sie uns!
leserservice@graefe-und-unzer.de
Wir freuen uns auf Ihre Post und
wünschen Ihnen viel Spaß mit Ihrem
GU-Ratgeber.

Unsere Garantie: Sollte ein
GU-Ratgeber einmal einen Fehler
enthalten, schicken Sie uns das Buch
mit einem kleinen Hinweis und der
Quittung innerhalb von sechs Monaten
nach dem Kauf zurück. Wir tauschen
Ihnen den GU-Ratgeber gegen einen
anderen zum gleichen oder
ähnlichen Thema um.

Ihr GRÄFE UND UNZER VERLAG
Redaktion Kochen
Postfach 86 03 25
81630 München
Fax: 0 89/4 19 81 - 113

GRÄFE
UND
UNZER

Ein Unternehmen der
GANSKE VERLAGSGRUPPE